Igreja e sociedade

Serviço à Pastoral da Comunicação

Coleção Pastoral da Comunicação: Teoria e Prática

A. *Série Manuais* (aplica, na prática, os conteúdos laboratoriais realizados no Sepac)
   1. Rádio: a arte de falar e ouvir (Laboratório)
   2. Jornal impresso: da forma ao discurso (Laboratório)
   3. Publicidade: a criatividade na teoria e na prática (Laboratório)
   4. Teatro em comunidade (Laboratório)
   5. Internet: a porta de entrada para a comunidade do conhecimento (Laboratório)
   6. Oratória: técnicas para falar em público (Laboratório)
   7. Espiritualidade: consciência do corpo na comunicação (Laboratório)
   8. Vídeo: da emoção à razão (Laboratório)
   9. Mídias digitais: produção de conteúdos para a web (Laboratório)

B. *Série Dinamizando a comunicação* (reaviva, sobretudo nas paróquias, a Pastoral da Comunicação para formar agentes comunicadores)
   1. Dia Mundial das Comunicações Sociais – Maria Alba Vega
   2. Comunicação e liturgia na comunidade e na mídia – Helena Corazza
   3. Comunicação e família – Ivonete Kurten
   4. Pastoral da Comunicação: diálogo entre fé e cultura – Joana T. Puntel e Helena Corazza
   5. Homilia: a comunicação da Palavra – Enio José Rigo

   Em preparação:
   - Comunicação e catequese
   - Comunicação e os jovens
   - Comunicação e as crianças

C. *Série Comunicação e cultura* (oferece suporte cultural para o aprofundamento de temas comunicacionais)
   1. Cultura midiática e Igreja: uma nova ambiência – Joana T. Puntel
   2. Comunicação eclesial: utopia e realidade – José Marques de Melo
   3. INFOtenimento: informação + entretenimento no jornalismo – Fabia Angélica Dejavite
   4. Jovens na cena metropolitana: percepções, narrativas e modos de comunicação – Silvia H. S. Borelli, Rose de Melo Rocha e Rita de Cássia Alves Oliveira
   5. Recepção mediática e espaço público: novos olhares – Mauro Wilton de Sousa
   6. Manipulação da linguagem e linguagem da manipulação – Claudinei Jair Lopes
   7. Cibercultura: sob o olhar dos Estudos Culturais – Rovilson Robbi Britto
   8. Fé e cultura: desafios de um diálogo em comunicação – Celito Moro
   9. Comunicação: diálogo dos saberes na cultura midiática – Joana T. Puntel
   10. Geração NET: relacionamento, espiritualidade, vida profissional – Gildásio Mendes dos Santos
   11. Igreja e sociedade: método de trabalho na comunicação – Joana T. Puntel

Joana T. Puntel

IGREJA E SOCIEDADE
Método de trabalho na comunicação

sepac

Dados Internacionais de Catalogação na Publicação (CIP)
(Câmara Brasileira do Livro, SP, Brasil)

> Puntel, Joana T.
> Igreja e sociedade : método de trabalho na comunicação / Joana T. Puntel.
> – São Paulo : Paulinas, 2015. – (Coleção pastoral da comunicação teoria e prática. Série comunicação e cultura)
>
> Bibliografia.
> ISBN 978-85-356-3935-3
>
> 1. Comunicação - História 2. Comunicação e cultura 3. Concílio Vaticano (2. : 1962-1965) 4. Igreja e comunicação de massa I. Título. II. Série.
>
> 15-04600   CDD-200

Índice para catálogo sistemático:
1. Igreja e sociedade : Comunicação : Cristianismo 200

Direção-geral:
Bernadete Boff

Editora responsável:
Roseane do Socorro Gomes Barbosa

Copidesque:
Mônica Elaine G. S. da Costa

Coordenação de revisão:
Marina Mendonça

Revisão:
Ana Cecilia Mari

Gerente de produção:
Felício Calegaro Neto

Diagramação:
Manuel Rebelato Miramontes

Nenhuma parte desta obra poderá ser reproduzida ou transmitida por qualquer forma e/ou quaisquer meios (eletrônico ou mecânico, incluindo fotocópia e gravação) ou arquivada em qualquer sistema ou banco de dados sem permissão escrita da Editora. Direitos reservados.

Paulinas
Rua Dona Inácia Uchoa, 62
04110-020 – São Paulo – SP (Brasil)
Tel.: (11) 2125-3549 – Fax: (11) 2125-3548
http://www.paulinas.org.br – editora@paulinas.com.br
Telemarketing e SAC: 0800-7010081
© Pia Sociedade Filhas de São Paulo – São Paulo, 2015

Serviço à Pastoral da Comunicação (SEPAC)
Rua Dona Inácia Uchoa, 62
04110-020 – São Paulo – SP (Brasil)
Tel.: (11) 2125-3540
http://www.sepac.org.br – sepac@paulinas.com.br

*Dedico este livro aos meus pais (em memória)
e aos professores de comunicação que,
na árdua tarefa de ensinar,
compartilham suas vidas
para fazer desabrochar a verdadeira comunicação:
aquela que se realiza com Deus, consigo mesmo
e com os demais seres humanos.*

Esta obra não poderia ser realizada sem a colaboração
direta ou indireta de tantas pessoas amigas,
que me ofereceram oportunidades de
compartilhar saberes na área da comunicação.
A todas elas o meu agradecimento.

Sumário

Apresentação 9

Introdução 11

Capítulo 1 – A comunicação na linha do tempo:
o pensamento inicial da Igreja 15

Capítulo 2 – Concílio Vaticano II: "resgate" do diálogo
com o homem moderno 31

Capítulo 3 – Trajetória Igreja-comunicação:
a evangelização num contexto de mudanças 47

Capítulo 4 – Evangelização e cultura digital – Midiatização 95

Capítulo 5 – Evangelização e midiatização:
uma integração necessária para o diálogo entre fé e cultura 125

Capítulo 6 – A comunicação nas redes sociais digitais 149

Capítulo 7 – O sentido de uma "comunicação sem fronteiras"
Diretório de Comunicação da Igreja no Brasil 157

Bibliografia 165

Apresentação

Igreja e sociedade, uma temática atual e desafiadora, sobretudo no contexto contemporâneo em que muitos gostariam de ver a Igreja na "sacristia" e não na missão, "em saída". A Igreja Católica produziu documentos que orientam o pensar e o produzir a comunicação no seu interior e no diálogo com a sociedade. Muitas são as produções e publicações sobre o tema, entretanto, é preciso um método que as sistematize, situado nos contextos e épocas, e perceber a grande mudança que aconteceu com o maior evento eclesial, o Concílio Ecumênico Vaticano II; assim como a autora situa esta obra, que abre para as fronteiras do pensamento comunicacional.

A afirmação de que a comunicação é um caminho sem fronteiras pode nos levar a pensar apenas nos avanços da técnica, entretanto, remete às complexas fronteiras do conhecimento em que estamos imersos, onde se insere o diálogo entre fé e cultura, o qual Joana Puntel trata nesta obra, resgatando a história da comunicação na Igreja Católica, projetando-a para o futuro.

O caminho do pensamento comunicacional da Igreja Católica, de Gutenberg – era da Imprensa – à Internet com a cultura digital, conquista cada vez mais cidadania nos estudos acadêmicos, fazendo parte da cultura geral, pela importância da Igreja na sociedade civil, tanto na produção de conhecimento quanto em sua atuação no campo comunicacional. Esse percurso é aqui encontrado num olhar que explicita o desafio do diálogo com a sociedade no campo da fé e da cultura.

O campo da comunicação leva à essência do ser e do existir da Igreja, que vai ao encontro das pessoas de todas as formas e com todas as linguagens para que o Evangelho possa ser anunciado a todos os povos e culturas e em todos os tempos. Nesta obra, a dimensão missionária da comunicação se faz presente, contextualizada na cultura midiática, evidenciando a necessidade de compreendê-la para que aconteça a nova evangelização, inserida nesta cultura, pois "a Igreja existe para evangelizar" (Diretório de Comunicação, n. 1).

Joana revela-se, mais uma vez, uma inquieta pesquisadora da comunicação na Igreja, pesquisadora "de estrada" e não de gabinete, pois fala a partir de dentro, do seu pertencimento e, ao mesmo tempo, a partir de sua inserção com os interlocutores da comunicação: estudantes, agentes pastorais, lideranças religiosas e acadêmicas. Essa comunicação sem fronteiras também diz respeito às buscas de compreender o ser humano e as novas sensibilidades na cultura contemporânea.

Ir. Helena Corazza, SEPAC/Paulinas

Introdução

Igreja e sociedade: método de trabalho na comunicação vem ao encontro do interesse crescente no campo da comunicação por parte da Igreja, de pesquisadores, de professores e de quem se ocupa de modo especial com estudos e áreas pastorais que, de uma forma ou outra, têm a ver com a comunicação. Contudo, a obra não se restringe a quem pertence à Igreja Católica. O livro se constitui em referências necessárias que compõem a trajetória da relação da Igreja com a comunicação e, sobretudo, a sua abertura para uma nova evangelização, apoiada, especialmente, a partir do Concílio Vaticano II até os nossos dias.

Pensando na demanda crescente de material e no aprofundamento de conteúdos para disciplinas sobre Igreja e comunicação que, cada vez mais, se inserem em cursos sistemáticos de filosofia e teologia, ou no estudo para agentes pastorais, a presente obra oferece um *caminho metodológico* para seguir os passos permeados de debate, conquistas, interpretações variadas, revelando o esforço de abertura ao diálogo entre fé e cultura, segundo o pensamento do Magistério da Igreja. Com o objetivo de apresentar um *método de trabalho* para desenvolver a relação entre Igreja e comunicação, na sua trajetória de abertura a uma nova evangelização, a autora recupera conteúdos expressivos de suas publicações que contribuem à análise e reflexão, sendo dois capítulos totalmente inéditos.

Vivendo em uma nova etapa da realidade histórico-cultural, em que, muitas vezes, abandona-se o eixo de pensamentos que orientavam a reflexão teórica e o agir cotidiano, surge a necessidade de reorganizar o pensamento e de renovar o aparato conceitual também no campo da comunicação. Para acompanhar a trajetória de diálogo entre evangelização e sociedade, é necessário situar a própria Igreja nos mais diversos contextos de diferentes épocas e analisar o seu pensamento, na busca de uma "nova" evangelização. Daí a importância dos seus documentos sobre a comunicação. O recorte aqui é feito de maneira que insere o pensamento do Magistério nas determinadas épocas.

Assim que, seguindo um caminho metodológico progressivo, chegamos a distribuir os capítulos tendo o Concílio Vaticano II como "divisor de águas". Mas, para relevar a importância do Vaticano II, foi preciso considerar, também, a comunicação na linha do tempo, a visão antecedente ao concílio. No capítulo 2 temos o Vaticano II como o "resgate" do diálogo com o homem moderno. Segue, então, a evangelização num contexto de mudanças. Já nos capítulos 4 e 5, abordamos o tema da "Evangelização e cultura digital – midiatização", com respeito à necessidade de se integrarem para que se realize o diálogo entre fé e cultura. No momento atual que vivemos, é preciso entender o que significam as redes sociais digitais; aí está um palco onde precisamos estar. O último capítulo oferece o sentido de uma comunicação sem fronteira. Trata-se do Diretório de Comunicação na Igreja do Brasil.

Como parte do método de trabalho, no final de cada capítulo o leitor encontra *sugestões para refletir e agir* e, assim, dinamizar a reflexão e as possíveis discussões sobre os conteúdos oferecidos.

**Metodologia para trabalhar a relação
IGREJA/COMUNICAÇÃO**

Períodos
precedentes

CONCÍLIO ● VATICANO II

"Resgate" do diálogo
com o homem moderno

Trajetória Igreja-comunicação:
a evangelização num contexto
de mudanças

Evangelização e cultura digital – Midiatização

Evangelização e midiatização:
uma integração necessária para o diálogo entre fé e cultura

A comunicação nas redes sociais digitais

O sentido de uma "comunicação sem fronteiras" –
Diretório de Comunicação da Igreja no Brasil

Capítulo 1
A comunicação na linha do tempo: o pensamento inicial da Igreja

Embora levemos em consideração a contextualização da Igreja e sua relação com a comunicação a partir do século 20, mais especificamente a partir do Concílio Vaticano II (1962-1965), faz-se necessário um preâmbulo histórico, ainda que breve, sobre o comportamento da Igreja em relação à comunicação, especialmente no que diz respeito aos instrumentos de produção simbólica. É a partir de tal compreensão que podemos contemplar a evolução do pensamento e comportamento da Igreja com relação à comunicação.

Trata-se de uma necessária explicação de caráter metodológico para levar em conta o caminho da Igreja e, portanto, justificar o quanto a Instituição tomou "fôlego", desenvolvendo uma evangelização em diálogo com a cultura contemporânea, a partir do Concílio Vaticano II. Quando se trata de Instituições, porém, seja ela qual for, sabemos o quanto é difícil a quebra de paradigmas vivenciados por muitos séculos e, também, como o poder convive, não raro, com a explicitação da fé, com as maneiras, com os modos de transmitir a fé. Mas é justamente este o aspecto necessário a ser revisitado, mesmo que brevemente, para facilitar a compreensão e a importância, como também, a lentidão do desenvolvimento da evangelização no campo da comunicação.

Aspectos que precederam a evangelização a partir do Vaticano II[1]

Contextualização

Sem dúvida, o grande instrumento de comunicação, nos primeiros tempos do cristianismo, foi a própria comunidade cristã, que se diferenciava do então mundo romano. Nos seus inícios, o cristianismo baseava-se plenamente na convicção de que o importante era a união pelo testemunho de fraternidade entre os membros das comunidades. Era por meio disso que se alcançaria a expansão da fé. Mesmo nos escritos dos Atos dos Apóstolos e nas cartas de Paulo, percebe-se aquilo que o canto, ainda cantado em nossas igrejas, refletia: "os cristãos tinham tudo em comum; repartiam seus bens com alegria [...]". Entretanto, logo que o cristianismo se expandiu, e podemos compreender até certo ponto a necessidade de organizar-se, a concepção que tomou corpo foi aquela que Inácio de Antioquia descreveu, de que tudo na Igreja começou a girar em torno da tríade bispo-presbítero-diácono:

> Para este modelo, os três são portadores privilegiados do Espírito e sobre eles se constrói a comunidade, estabelecendo, de entrada, uma divisão entre os membros que deixam de ser iguais. Concretamente, foi este modelo que fez história, não tanto por razões teológicas, mas extrateológicas, pois se adequava mais pacificamente às formas arbitrárias de poder, próprias do mundo antigo, e, posteriormente, feudal (BOFF, 1981, p. 236-237).

Podemos imaginar, portanto, que daí por diante é sob o signo da autoridade, ditando normas e estabelecendo modelos de comportamento, que a comunicação pode ser analisada, sobretudo por meio dos seus documentos. A "evangelização", se assim se poderia dizer, era a de praticar as normas estabelecidas.

Um grande autor, Enrico Baragli, estudioso e integrante da Comissão que ajudou a preparar a pauta da comunicação para o Vaticano II, fez um levantamento dos documentos oficiais sobre a questão da comunicação na Igreja e chegou a identificar 87 documentos oficiais, produzidos nos 1.500 anos que separam a época apostólica da descoberta de

---

[1] Parte dos conteúdos deste capítulo foi publicada pela autora na obra *Comunicação: diálogo dos saberes na cultura midiática*, e consta aqui com objetivo metodológico para análise e reflexão sobre o discurso progressivo da Igreja em relação à comunicação.

Gutenberg (BARAGLI, 1973, p. 54-113). E qual era a natureza desses documentos? Geralmente se destinavam a normatizar o comportamento dos imperadores, reis, bispos e fiéis, no que se referia ao uso de escritos, livros, espetáculos teatrais e imagens. Raramente a liberdade de pensamento e a do direito de expressão estavam presentes.

Entretanto, devemos reconhecer que a Igreja também produziu textos e livros; ocupou-se, por exemplo, da difusão, em latim, da Escritura Sagrada. Não se pode esquecer a época da Patrística, fase muito rica em que o pensamento de grandes doutores dos primeiros séculos contribuiu para a consolidação da fé. Teve o grande mérito de copiar e preservar para a posteridade, nas "bibliotecas" dos conventos e universidades, numerosos clássicos da literatura greco-romana. A Igreja esteve atenta também quanto à publicação de livros que considerava heréticos, condenando-os ao fogo, de preferência em lugares públicos.

Não havia, ainda, o costume da censura prévia. Prevalecia o julgamento posterior ao aparecimento da obra. Algo curioso registra-se nessa época (século 13): vários documentos que tentaram regulamentar a difusão de ideias por meio de espetáculos cênicos. No início, "houve controvérsias entre professores de universidades, teólogos e bispos quanto à oportunidade do uso do teatro na catequese e nas festas litúrgicas" (SOARES, 1988, p. 31). Alberto Magno (1193-1280) e Tomás de Aquino (1225-1274) deram o parecer final afirmando que não havia razões para se afastar da Igreja os responsáveis pelas companhias teatrais, que se estabeleciam junto aos núcleos populacionais, abadias e castelos.

Outro ponto polêmico, por exemplo, foi a produção e exibição de imagens nos templos. É sempre bom lembrar que, nos primeiros séculos do cristianismo, as pinturas e esculturas eram obras produzidas espontaneamente pelos neófitos. Bem mais tarde, final da Idade Média, os artistas profissionais eram contratados pelos mecenas para embelezar palácios, catedrais. É o que podemos apreciar ainda hoje nesses ambientes. Entretanto, a questão das imagens tornou-se alvo de discussões. Quem pôs fim à polêmica foi o grande Papa São Gregório Magno, dizendo: "Nas igrejas se colocam pinturas para que os analfabetos, ao olharem as paredes, possam entender o que não são capazes de ler nos livros [...] especialmente para os bárbaros as pinturas substituíam a leitura" (apud BARAGLI, 1973, p. 73). Na época, os povos que invadiam outras extensões geográficas eram chamados de "bárbaros" e a história geral nos relata tais acontecimentos.

Segundo pesquisa de Ismar O. Soares, em *Do Santo Ofício à libertação* (1988), a Igreja fazia grande esforço para manter sua ascendência sobre toda a sociedade europeia por meio dos processos de divulgação e comunicação. Entretanto, forças políticas, econômicas e culturais conseguiram romper o cerco cultural, sendo que os principais instrumentos dessa luta, levada adiante por comerciantes, livres pensadores, foram os manuscritos que já no século 13 corriam de mão em mão, entre os que sabiam ler, sem o controle eclesiástico. Eram as famosas "brochuras", as *nouvelles*, escritas em língua popular, isto é, em francês, alemão, inglês, português, italiano. Também no campo da informação, já eram divulgadas através de redes de captação de notícias, criadas por políticos e banqueiros.

O Papa não somente estabeleceu seus próprios canais, mas também se serviu de outros. Por exemplo, o Papa Clemente VI, em janeiro de 1348, em Avinhão, solicitou os serviços de Alberto Degli Alberti, proprietário de duas grandes companhias de Florença, para mantê-lo a par das últimas novidades. Devemos notar que as informações, levadas às cortes, aos comerciantes e às várias instâncias do poder eclesiástico, eram sigilosas. Importante notar que a Igreja Católica, enquanto usufruía do sistema secreto da veiculação das informações, através das agências pelos comerciantes, condenava as formas populares de comunicação impressa, por meio de sucessivos instrumentos jurídicos, acusando-as de imorais e ofensivas à fé (SOARES, 1988, p. 33-35).

Vale a pena relembrar aqui que a concepção jurídica do poder religioso, na Igreja Católica, tem suas origens na encarnação do cristianismo como religião nos quadros da romanidade.

Como observa Leonardo Boff:

> Com a romanização do cristianismo, conceitos fundamentais do Novo Testamento começam inevitavelmente a ganhar características romanas. Assim os conceitos de fé (*fiâes*), de mistério (*sacrametum*), de ordem (*ardo*), de povo (*plebs*), igreja (*ecclesia*) assumem sempre ao lado da dimensão própria religiosa uma conotação jurídica. Para os romanos, quem zelava pela religião não era o sacerdote (era somente ministro), mas o Estado e o Imperador. Com Tertuliano aparece claramente a fé funcionando como *regula fidei* ou simplesmente *lex*. A ideologia romana de que a *dea Roma* era responsável pela grandeza do Império foi sendo lentamente transformada por Ambrósio (t. 397), Prudêncio (t. 405) e Leão Magno (t. 461) numa ideologia cristã, aparentando Cristo e os príncipes dos Apóstolos Pedro e Paulo como fatores reais da grandeza. Prega S. Leão Magno: "Ambos os Apóstolos foram os que te conduziram (ó Roma) a tão grande fama... Através

da *religio divina* deverás estender teu poder ainda mais do que outrora mediante o poder romano" (1981, p. 135-136).

Perda do controle sobre a comunicação

Seguindo a mesma linha do discurso anterior, é preciso recordar que, no século 11, o Papa Gregório VII outorgou a si próprio o poder absoluto do Papa. Assim encontramos descrito pelo pesquisador Leonardo Boff (1981, p. 88-89):

> No século XI, com Gregório VII, deu-se uma virada decisiva dentro da própria estrutura do poder. Em seu *Dictatus Papae* (1075) o Papa se ergueu contra a prepotência do poder secular, que degenerara em simonia, nicolaísmo e toda sorte de sacrilégios, e inaugurou a ideologia do poder absoluto do Papado. O suporte não é a figura de Jesus Cristo pobre, humilde e fraco, mas Deus, Senhor onipotente do cosmos e fonte única do Poder. O Papa se entende, misticamente, como o único reflexo do poder divino na ordem da criação. Ele é seu vigário e lugar-tenente. Por aí se entendem as seguintes proposições do *Dictatus Papae*: "Apenas o Pontífice Romano merece ser chamado universal"; "seu legado, em um Concílio, comanda a todos os bispos, mesmo se é de posição inferior; e apenas ele pode pronunciar a sentença de deposição"; "O Papa é o único homem ao qual todos os príncipes beijam os pés"; "Sua sentença não deve ser reformada e apenas ele pode reformar a de todos"; "Ele não deve ser julgado por ninguém"; "A Igreja Romana nunca errou e, conforme atestam as Escrituras, não poderá jamais errar"; "O Pontífice Romano, se foi ordenado canonicamente, torna-se indubitavelmente santo pelos méritos de São Pedro".
> O *Summus Pontifex* assumia assim a herança do Império Romano e se instituía como poder absoluto, casando em sua pessoa o *sacerdotium* e o *regnum*. Era a ditadura do Papa. A partir daí se elaborou a ideologia da assim chamada "cefalização", a cabeça como plenitude de sentido e de poder. A expressão *Caput* (Cabeça), no NT reservada a Cristo, é aqui aplicada ao Papa, como o portador de todos os valores e poderes de Deus, de Cristo, da Igreja, do povo, do Império, do Colégio episcopal.

Conforme o desenvolvimento sociocultural, também na esfera econômica e política, avançava a passos largos, o controle sobre a produção do saber sofreu ameaças, perigos, após a difusão, especialmente pela imprensa, de movimentos contestatórios dos séculos 15 e 16. Narram os historiadores que a reação católica foi violenta e, tendo por objetivo "cortar o mal pela raiz", como afirma Soares (1988), a Igreja redobrou sua vigilância sobre a publicação de livros. Um exemplo claro é o fato de apenas decorridos quarenta anos da publicação do primeiro livro por Gutenberg, a Universidade de Colônia, sob os aplausos do Papa Sisto IV (1471-1484), instituiu a censura prévia e mandou à fogueira os livros heréticos.

Em 1487, o Papa Inocêncio VIII, por meio da constituição *Inter Multiplices*, primeiro documento da Igreja sobre a imprensa, definiu a linha do pensamento da hierarquia: "No campo do Senhor deve-se semear apenas aquilo que possa alimentar espiritualmente as almas" (DALE, 1973, p. 34). No comentário de Soares (1988), o Papa buscava, como justificativa para seus atos coercitivos, argumentos calcados na divisão maniqueísta entre o bem e o mal, característica da filosofia medieval. O "bem" era tudo o que como tal definisse a autoridade.

O teor das normas estabelecidas por Inocêncio VIII, que determinavam o atrelamento dos editores à oficialidade do sistema, demonstrava que os domínios eclesiásticos sobre a cultura poderiam desintegrar-se pela ação da nova tecnologia, a imprensa. Vale a pena considerar a índole do número 1 da *Inter Multiplices* (Inocêncio VIII, 1487):

> Interditamos, por conseguinte, pelas presentes cartas, em virtude da autoridade apostólica, todos os impressores, seus auxiliares e colaboradores, quer habitem na Cúria Romana, quer em outras regiões da Itália, Alemanha, França, Espanha, Inglaterra e Escócia, ou em outra nação qualquer da cristandade, quer morem em cidades, vilas, no campo ou em qualquer outro lugar, sob pena de excomunhão, *latae sententiae*, e de multa a ser determinada e recebida pelos Ordinários das respectivas regiões, e proibimos imprimir ou deixar de imprimir, para o futuro, qualquer livro, tratado ou escritos quaisquer que sejam eles, sem ter sido pedida, previamente, a permissão devida ao Mestre do Sacro Palácio, da referida Cúria Romana, *ou*, na sua ausência, ao seu substituto, sendo que, fora de Roma, aos Ordinários das regiões; e sem ter obtido uma autorização especial e expressa, que lhes será outorgada gratuitamente (n. 1 apud DALE, 1973, p. 34).

Ainda nesse documento, outras determinações fechavam definitivamente a possibilidade de circulação de escritos alternativos, como, por exemplo, a exigência da entrega, aos representantes da hierarquia, da lista de toda a produção literária, bem como dos títulos suspeitos ou condenados.

Essas e tantas outras medidas tiveram consequências desastrosas. E na afirmação do pesquisador José Marques de Melo (1973, p. 51-52), "os séculos XVI e XVII vão presenciar uma fase de decadência da imprensa, convertendo-se em instrumento exclusivo de regimes absolutistas triunfantes, que cerceiam as atividades dos tipógrafos e impressores".

Assim, no século 16, em 1515, um documento de quatro páginas, escrito por Leão X, durante o Concílio de Latrão, cristalizou para séculos futuros a resposta da Igreja à liberdade com que o mundo secular, ou mesmo parte do clero, tratava os problemas da fé, dos costumes e das relações políticas que envolviam os dignitários eclesiásticos. Trata-se da constituição *Inter Sollicitudines* ("Entre nossas preocupações"), que, na visão e pesquisa de Ismar Soares (1988), irá transformar-se em referência para os estudiosos das relações entre a Igreja e a comunicação social.

No primeiro parágrafo da Constituição, apresentam-se os pressupostos da carta: era necessário "reconduzir os que erram ao caminho da verdade", "ganhá-los para Deus". O segundo parágrafo apresenta a justificativa do documento: havia muitas "queixas a respeito de mestres e impressores que, em diversas partes do mundo, mandam imprimir e ousam vender publicamente livros... contendo erros em matéria de fé... e atacando a fama de altos dignitários eclesiásticos" (DALE, 1973, p. 39). No terceiro parágrafo, a Igreja assume a autoridade que julga ter sobre toda a produção cultural e decreta: "[...] decretamos e ordenamos para todo o sempre que ninguém imprima nem ouse mandar imprimir livro ou qualquer outra matéria escrita [...] sem exame prévio" (DALE, 1973, p. 39-40).

O último parágrafo discrimina as penas:

> Quem, no entanto, presumir outra coisa, além da apreensão dos livros impressos, que serão queimados em praça pública, e o pagamento de cem ducados à Fábrica da Basílica de São Pedro em Roma, sem esperança de perdão, terá sua licença de impressor suspensa por um ano e ficará sujeito à pena de excomunhão. Finalmente, havendo a agravante de contumácia, seja de tal forma castigado por seu bispo ou pelo seu vigário, respectivamente, com todos os remédios canônicos, que ninguém mais tenha a ousadia de imitar-lhe o exemplo (DALE, 1973, p. 40-41).

Como podemos perceber, o diálogo entre fé e cultura praticamente não existia. Estamos na época dos inícios da modernidade com todas as suas características, e também de um insurgimento dos intelectuais contra o rigor do autoritarismo centralizador e da prática da hierarquia romana. Há uma quebra do diálogo com o homem moderno, amparado em motivos de ordem religiosa, social, econômica e política. O resultado foi a secularização da imprensa. As atitudes de Leão X, que queria preservar a unidade, vinham carregadas de autoritarismo e moralismo. Resultado, os humanistas e também os reformadores, ao fazer uso do livro e dos panfletos, concentraram seu poder de mobilização com algumas ideias-chave como os "abusos" e os "erros" católicos. E faziam isso através do humor, da ironia, por meio dos quais os símbolos católicos eram ridicularizados e a figura do Papa identificada com a de um coletor de impostos (OLIVEIRA, 1968, apud SOARES, 1988, p. 40-41).

É justamente nesse contexto que surge a figura de Lutero, que, ao ser excluído da comunhão católica, arrastou consigo quase toda a nobreza alemã e boa parte dos seus súditos; revelou-se um grande comunicador social ao furar o bloqueio imposto por Roma sob severas penas, desarticulando seu poder político e religioso.

Assim nasce a Reforma. Um movimento religioso do século 16, que deu origem ao protestantismo. As causas da Reforma foram religiosas, uma tentativa de reformar as estruturas da Igreja, que estava muito envolvida com o poder temporal e havia negligenciado sua liderança espiritual. Causas culturais também contribuíram para a Reforma, como, por exemplo, o movimento da Renascença, que voltava aos estudos clássicos. O interesse pelas civilizações antigas, encorajadas pelo Renascimento, afetou a religião, especialmente no estudo das línguas (hebraico e grego), que habilitou os eruditos a ler as escrituras em sua fonte original. Livros impressos (no final do século 15) também difundiram o saber e aumentaram a educação durante a Renascença e a Reforma. Em termos políticos, durante a Idade Média, o Papa, como Sacro Imperador Romano, reivindicara a chefia secular da cristandade. Na modernidade, a Igreja começa a perder a soberania de que desfrutava na Idade Média, pois, com o emergir das ciências e "novos pensadores", em especial filósofos, a Igreja passou a ser questionada, principalmente quanto ao poder, também cultural, que detinha até então.

No entanto, os reis, aumentando seu poder junto a seus próprios povos, opuseram-se ao controle papal e sua influência em suas regiões. No aspecto econômico, a Europa começou a mudar: de uma economia agrícola, sob o controle dos proprietários locais e dos bispos-príncipes, passou a uma economia urbana, com comerciantes negociando madeiras, roupas e outros bens manufaturados. As cidades começavam a se tornar ricas e independentes.

Em consequência da Reforma, a Europa ficou dividida entre nações católicas, ao sul, e nações protestantes, ao norte. A Reforma também estimulou muitas "reformas" dentro da Igreja Católica, durante os últimos anos do século 16 e durante o século 17: a chamada Contrarreforma. Nos aspectos político e social, a Reforma contribuiu para o crescimento do nacionalismo e o incremento da indústria e do comércio. As letras também se desenvolveram e os currículos escolares passaram a incluir as literaturas grega e romana (SPITZ, 1974).

Índice dos livros proibidos

É muito comum nos referirmos ao Índice dos livros proibidos, quando se fala de diálogo entre fé e cultura. Todos os aspectos descritos até aqui, incluindo este, contribuíram grandemente para a ruptura do diálogo entre evangelização e cultura. É fácil perceber que, quando não há diálogo, não há metas comuns e, sobretudo, perde-se de vista quem é o verdadeiro protagonista, como ele se comunicou. Falo de Jesus, o protótipo da comunicação, como se comunicava com os discípulos, com as multidões, com os pecadores, com as pessoas em particular, por exemplo, com os doentes. Tudo isso se pode encontrar abundantemente nos quatro Evangelhos. No caminho da Igreja, podemos (e devemos) verificar, também, o seu esforço para se comunicar com papas lúcidos e "despojados", a fim de retomar o diálogo com o homem moderno. Mas, então, há muitos séculos para "consertar", paradigmas para ultrapassar. Talvez, por isso, o caminho seja lento. Mas, sob a inspiração do Espírito, a evangelização "desce do seu pedestal" para, como Jesus, dialogar com o homem do seu tempo.

Mas o índice dos livros proibidos ficou como um espinho na carne, que depôs contra o diálogo. Foi em janeiro de 1559 que o Papa Paulo IV publicou um Índice (Índex) dos autores e livros, organizado pelo *Ofício da Sacra Romana e Universal Inquisição*. Isto foi confiado ao Concílio de Trento (1545-1563, em 3 sessões). Agora estava nas mãos de Pio IV, sucessor de Paulo IV, que publicou em março de 1564 a constituição apostólica *Dominici Gregis*. Esta constituição também é composta da explicitação do problema: normatização, descrição das penas aos infratores. Como explicitação do problema, o Papa decide intervir na produção e distribuição dos livros, porque quer proteger o rebanho dos perigos que o ameaçam e a leitura dos livros impressos por hereges corrompem até homens instruídos. Como normatização, o Papa encarrega o Concílio Tridentino de elaborar um catálogo de livros heréticos e suspeitos de heresia; o Papa também revê e aprova o Índice e suas "regras" preliminares. E como penalização, Roma proíbe qualquer tipo de contato com obras incluídas no Índice, sendo que os infratores incorrem em pena de excomunhão.

No contexto do Índice, esse vinha acompanhado de várias regras que dificultavam, entre outras, o acesso dos fiéis aos textos do Antigo Testamento, cuja tradução se autorizava somente aos homens "doutos e piedosos, a juízo do bispo" (Regra III). A censura sobre a Bíblia e a proibição de sua difusão ou leitura em língua vulgar (Regra IV) significaram a ruptura definitiva com os reformadores, com graves consequências para o desenvolvimento das relações entre os cristãos nos séculos futuros (SOARES, 1988, p. 45-46).

Foram 407 anos, ou seja, quatro séculos de vigor do Índice dos livros proibidos. Sua extinção deu-se somente em 1966, com o Papa Paulo VI. Inclusive após o Concílio Vaticano II.

Luta pela liberdade de expressão no mundo moderno

Em a *Sociologia da Imprensa Brasileira* (1973, p. 43), o pesquisador José Marques de Melo, referindo-se ao jornalismo, diz que ele nasce a partir de dois grandes eventos significativos, historicamente falando: a produção em massa, gerada pela Revolução Industrial, e a liberdade de imprensa, gerada pela Revolução Burguesa. Podemos perceber, e tal percepção se comprova pela história, que, no que tange à liberdade de expressão no mundo moderno, as lutas desencadearam-se especialmente em nível anglo-americano e francês. Embora cada um com sua peculiaridade, por exemplo, na experiência inglesa, levada depois para os Estados Unidos, floresceram numerosas publicações, circulação de livros e jornais.

Já na França, os caminhos foram estreitos e limitados, "pois a legislação previa o estatuto do monopólio e o controle da censura [...]. Os escritos liberais e revolucionários eram impressos no exterior e trazidos à França" (SOARES, 1988, p. 53). Entretanto, apareceram veículos alternativos de comunicação. Na verdade, foi por meio de brochuras e panfletos que a burguesia nascente difundia seu pensamento sobre projetos políticos liberais.

Este preâmbulo tem o intuito de introduzir e justificar a proposta de uma contrarrevolução por parte do papado. Explica Leonardo Boff (1981, p. 94) que:

> A Igreja-instituição teve que se defender contra os propugnadores de liberdades. Daí é que ela, particularmente a partir do século XVI, será uma Igreja que se

definirá pelos "contra": será contra a "reforma" (1521); contra as revoluções (1789); contra os valores hoje consagrados como a liberdade de consciência, ainda condenada em 1846 por Gregório XVI como *deliramentum*, e a liberdade de opinião, anatematizada como erro pestilentíssimo pelo mesmo Papa; contra a democracia etc.

O Vaticano foi ferrenho na oposição aos defensores das liberdades. Por outro lado, assistiu quase em silêncio ao desenvolvimento, na Inglaterra, das práticas libertárias no campo da comunicação escrita e, segundo Soares (1988, p. 55), tardou mais que de costume a reagir às tentativas dos líderes revolucionários franceses em busca de espaços para a difusão, pela imprensa, dos ideais que culminariam com a derrubada do Antigo Regime. É que, de um lado, a eficiência da Congregação do Índice (encarregada de examinar e censurar livros, bem como de atualizar o Índice) dava segurança à hierarquia católica. Por outro, havia estreita união entre os monarcas e os papas, nos países do continente europeu e americano de língua latina, pois a eficácia da censura estatal sobre todo tipo de obra, inclusive as de conteúdo religioso, deixava a Igreja mais tranquila.

Esta foi também uma das causas que levou à redução na produção de documentos pontifícios e na impressão de livros durante o século 17 e parte do século 18. Entretanto, a partir dos meados do século 18, os papas propõem uma "contrarrevolução".

Segundo Soares (1988, p. 55-60), podemos sintetizar em poucas palavras e, cronologicamente, o que aconteceu:

- Pio VI (1775-1799): este papa desenvolve um confronto com a revolução burguesa. Sua proposição foi a de desencadear uma revolução cristã.
- Pio VII (1800-1823): "condena os erros modernos considerando a imprensa como inimiga número um da humanidade".
- Gregório XVI (1831-1846): "condena explicitamente a liberdade de imprensa". Dedicou sua primeira encíclica *Mirari Vos* (1832) aos temas já tratados por Pio VI e Pio VII; "considerava que garantir a todos os homens a liberdade de consciência era um erro dos mais contagiosos e contestava os católicos liberais que acreditavam ser a liberdade de expressão útil ao desenvolvimento da Igreja". Foi esse Papa também quem, pela primeira vez, "referiu-se ao jornalismo como *quotidiana scripta* em uma carta ao episcopado belga (1845), ocasião em que abençoou a

Pia Associação de Homens e Mulheres para a Imprensa Católica". Mas foi também o Papa que, pela primeira vez (1832), condenou um jornal (católico), o *L'Avenir*, por defender a liberdade de opinião.

- Pio IX (1846-1878): condena o racionalismo; vê nas lutas liberais uma conspiração universal contra a Igreja e o poder civil; estigmatiza os "pequenos livros". Foi durante seu pontificado que se acirrou a luta pela unificação da Itália e as pregações liberais chegaram aos domínios dos Estados Pontifícios. Combateu os princípios da civilização moderna. Analisou o papel da imprensa "socialista" e "comunista" na organização dos manifestantes de massa e "exortou, pela primeira vez, de forma oficial, os bispos para que respondessem aos revolucionários com armas iguais, isto é, com livros, escritos por homens de confiança, sob a supervisão da hierarquia". Na verdade, Pio IX afastou-se definitivamente da "civilização contemporânea", recusou-se a fazer qualquer conciliação ao "Progresso" e ao "Liberalismo". Com esse propósito, "publicou em 1864 a encíclica *Quanta Cura*, à qual anexa um resumo dos principais erros do seu tempo (*Syllabus*)".

Pio IX, visando ao controle da produção e distribuição de livros, fez concordatas com vários reis, rainhas e imperadores. Elogiou os jesuítas por fundarem a revista *Civilttà Cattolica*, que tinha por finalidade combater os erros e escritos nocivos. Foi durante seu pontificado que circulou o primeiro número do jornal *Osservatore Romano* (1861).

E, assim, a Igreja prepara-se para uma significativa mudança de tática, pois com Leão XIII (1878-1903), sucessor de Pio IX, no entender de Romeu Dale (1973, p. 74), iniciou-se um segundo e importante período nas relações entre a Igreja e o mundo da comunicação social, marcado não tanto pelos conteúdos dos documentos publicados (continuaram na linha dos seus predecessores), mas por alguns gestos concretos de abertura, como, por exemplo, a primeira audiência coletiva concedida por um papa a jornalistas profissionais (1879). Em sua encíclica *Officiarum ac Munerum* (1897), o Papa chega a proibir os eclesiásticos de dirigir jornais e de publicar livros tratando de artes e ciências puramente naturais, sem consultar seu ordinário.

A importância do gesto de Leão XIII com os jornalistas significou uma tentativa de aproximação, medida pelo abismo que separou anteriormente e por longo tempo as partes: de um lado, os interesses da Igreja, inicialmente aliada aos príncipes, e, de outro, os interesses da burguesia, que, por meio de revoluções mais ou menos violentas, se assenhoreou do poder à revelia da hierarquia católica. A ruptura com o mundo moderno tornou-se inevitável a partir do momento em que os interesses temporais do Papa foram feridos com a queda dos Estados Pontifícios nas mãos dos patriotas de Cavour, em 1870 (SOARES, 1988, p. 61-65). O Papa que escreveu a *Rerum Novarum*, tratando das relações do trabalho, aproximação da classe operária, "não foi capaz de entender a natureza das mudanças que se operavam na imprensa diária" (SOARES, 1988, p. 64). Entretanto, Leão XIII tomou consciência de que não bastava lastimar o passado, pois era necessário "opor escrito a escrito", "publicação a publicação" (BARAGLI, 1973, apud SOARES, 1988, p. 65).

- Pio X (1903-1914): deu força ao trabalho dos grupos organizados de Ação Católica – entendida como o conjunto das obras católicas com finalidade espiritual, apostólica e social. Objetivava, também, combater os inimigos comuns, como o socialismo, a desagregação da Igreja, bem como os abusos dos governos que rompiam acordos e concordatas com a Santa Sé. Em suas encíclicas *Pieni d'Animo* e *Pascendi*, trata especificamente do Modernismo. Proíbe também os seminaristas de lerem jornais e revistas e lembra aos sacerdotes que não podem escrever, nem mesmo sobre assuntos técnicos, em periódicos, sem licença de seus superiores.

- Bento XV (1914-1922) e Pio XI (1922-1939): incentivaram as "obras da boa imprensa". Só que, para eles, a imprensa deveria ser, antes de tudo, "católica". Deveria ser dócil e obediente aos dignitários eclesiásticos.

Pouco mais se exigia, pois os bispos e o próprio Vaticano sentiam-se perdidos ante a convulsão social que dominou as quatro primeiras décadas do século 20. E a imprensa católica que já florescia em quase todas as partes, nesse período, era o retrato do povo católico: estava praticamente à margem da vida social em transformação. Com Pio XI e Pio XII (1939-1958), a Igreja tentará reagir e construir um projeto de comunicação com maior participação do laicato, elaborado em decorrência do surgimento e desenvolvimento de alguns importantes veículos de difusão, como o rádio, o cinema e a televisão; seu discurso, contudo, continuará tão moralista quanto antes (SOARES, 1988, p. 67).

Na década de 1930, desenvolvia-se também a indústria cinematográfica. Pio XI escreve, então, a encíclica *Vigilanti Cura* (1936), destinada aos bispos dos Estados Unidos e que versa sobre o cinema. O Papa Pio XI interessou-se pessoalmente pela introdução do cinema na sociedade ao criar, em 1928, a Organização Católica Internacional de Cinema (OCIC). Hoje, essa organização fundiu-se com a União de Radiodifusão Católica (UNDA) e criou-se uma nova sigla, a SIGNIS (Associação Católica de Comunicação). Foi, também, durante o seu pontificado que se inaugurou a Rádio Vaticana, em 12 de fevereiro de 1931, instalada por Guglielmo Marconi, que foi considerado seu criador. Entretanto, é bom lembrar que Roberto Landell de Moura foi o primeiro a realizar pesquisas sobre o rádio, já em 1893.

É de se considerar, também, que, durante a primeira metade do século 20, foi notório o sobressalto dos eclesiásticos ante o fenômeno da "opinião pública" e a todos os novos inventos que vieram enriquecer a humanidade, possibilitando maiores intercâmbios entre os grupos sociais, como o cinema, o rádio, a televisão. Mas a Igreja Católica reduziu praticamente a sua apreciação às novas realidades ao julgamento que delas fazia sob a ótica da moralidade. E, assim, os eclesiásticos interferiam no processo, assumindo como missão projetos de controle sobre essa mesma opinião pública (SOARES, 1988, p. 72).

- Pio XII (1939-1958): os papas até Pio XII tiveram, segundo pesquisa de Soares (1988, p. 72), dificuldades sérias em reconhecer o que depois se denominou "valores positivos" dos novos veículos de comunicação, bem como em encontrar neles instrumentos para a defesa da dignidade do homem. Em 1957, Pio XII escreve a Encíclica *Miranda Prorsus*, sobre o cinema, rádio e televisão, o primeiro documento sobre comunicação. Como para a encíclica anterior, você pode aprofundar a análise desta encíclica em Joana T. Puntel, *Comunicação: diálogo dos saberes na cultura midiática*, no Capítulo I.

A partir de Pio XII, entretanto, nota-se um aprofundamento nas reflexões do Vaticano sobre as relações sociais numa sociedade democrática, quanto ao papel da informação na construção de uma opinião pública vigilante. Sobre a opinião pública, Pio XII refere-se à distinção entre "massa" e "povo" e chega a dizer que "o dever do jornalista católico não é outro que o de defender e consolidar a opinião pública" (BARAGLI, 1973, apud SOARES, 1988, p. 75).

Sem dúvida, a abertura lenta mas progressiva do pensamento da Igreja sobre comunicação avançou com Pio XII, que, encontrando-se em meio a uma época pós-guerra, assistia ao florescer ou ao desenvolvimento de muitas técnicas de comunicação. E sua Encíclica *Miranda Prorsus* (sobre cinema, rádio e televisão) muito contribuiu para o despertar do Papa João XXIII sobre a necessidade de incluir na pauta do Concílio Vaticano II o tema da comunicação.

Sugestão para refletir e agir

1. Na trajetória da Igreja, na sua relação com o mundo, nas suas diversas épocas, reflita e discuta sobre qual foi o interesse predominante da Igreja em termos de comunicação.

Capítulo 2
Concílio Vaticano II: "resgate" do diálogo com o homem moderno

Para ser fiel à sua missão de evangelizar, a Igreja necessitava atualizar-se nas suas formas de dialogar com a sociedade. No capítulo anterior, percebemos o quanto a Igreja se afastara do diálogo com o mundo. Daí a convocação para um Concílio que buscasse refletir sobre a missão da Igreja, sobre novos parâmetros de pastoral.

Marcam o caminho da Igreja, na necessidade de *aggiornamento*, duas grandes figuras: João XXIII e Paulo VI. Dois papas que tiveram a coragem de levar a Igreja a dialogar com a sociedade moderna. João XXIII, convocando para um concílio ecumênico, e Paulo VI, o continuador do que significa evangelizar na época em que a sociedade se move já diferentemente do passado. João XXIII dizia que era necessário "limpar as rugas" que a Igreja trazia em seu rosto. É preciso, então, um concílio de cunho pastoral, não tanto doutrinário, mas que reatasse o diálogo com a sociedade contemporânea.

O Concílio Vaticano II tratou de mexer com a mentalidade, com novas leituras, com novos paradigmas, e, assim, com novas narrativas para a evangelização. E entre os dezesseis documentos elaborados pela Assembleia Conciliar está o decreto *Inter Mirifica* (1963) sobre a comunicação. A Igreja fez um grande esforço para colocar na pauta do Concílio o tema da comunicação. Na abertura que o Concílio proporcionou à Igreja, o Vaticano II foi o maior acontecimento eclesial do século 20.

Necessidade de *aggiornamento* por parte da Igreja – A figura de João XXIII[1]

Enquanto celebramos o cinquentenário do Concílio Vaticano II (1962-1965), poderíamos pensar, e talvez as gerações mais jovens o façam, que se trata apenas de uma página da história, já que desapareceu, praticamente, aquela geração de bispos que participaram do Concílio.

Entretanto, o Concílio Ecumênico Vaticano II foi o maior evento eclesial do século 20, que fez João Paulo II escrever:

> [...] sinto ainda mais intensamente o dever de indicar o Concílio como a grande graça que beneficiou a Igreja no século XX: nele se encontra uma bússola segura para nos orientar no caminho do século que começa (VALENTINI, 2011).

Em que contexto a sociedade se movia naquela época?

Era uma sociedade repleta de mudanças. Foram muitos os acontecimentos que trouxeram grandes transformações que afetaram a humanidade. Por exemplo, o Concílio Vaticano I (1869-1870) nem conseguira terminar devido à guerra franco-prussiana. A revolução industrial continuava a introduzir inovações, que exigiam novas abordagens para poder compreendê-las, pois a industrialização não somente aumentou a produção de bens de consumo existentes, como também injetou novos, fazendo uma revolução que não se limitava ao carvão ou ferro, mas entrava a idade do aço, da eletricidade, do petróleo e da química.

O modo capitalista de produção, servindo-se das novas técnicas, também se inseria prosperamente na sociedade. Mas o que se pode chamar de "grande industrialização" trouxe também uma série de contradições e conflitos, e o sistema liberal democrático foi incapaz de integrar os trabalhadores na nova dinâmica social, garantindo-lhes os seus direitos.

Uma menção obrigatória, como afirma Ney de Souza (2004, p. 17-23), é que:

> Numa linha intermediária e de grande importância histórica para a compreensão da modernidade e do evento conciliar situa-se o pontificado de Bento XV (1914-1922). O Papa envolveu-se nas questões relativas à I Guerra Mundial, mas sem

---

[1] Parte dos conteúdos deste capítulo foi publicada pela autora nas obras *Inter Mirifica: texto e comentário* e *Comunicação: diálogo dos saberes na cultura midiática*, e consta aqui com objetivo metodológico para análise e reflexão sobre o discurso progressivo da Igreja em relação à comunicação.

sucesso. O caos global da Guerra (1914-1918) tornou evidente que os principais valores da modernidade estavam em crise: a absolutização da razão, do progresso, da nação e da indústria. A total crença na razão, no progresso, no nacionalismo, no capitalismo e no socialismo fracassara. A Europa estava pagando um preço alto com os movimentos reacionários do fascismo, do nazismo e do comunismo. Esses movimentos idealizavam, de maneira moderna, a raça e a classe, e seus líderes impediram uma ordem mundial nova e melhor.

A I Guerra Mundial colocou em marcha a revolução global que se tornaria explícita após a II Guerra Mundial: "lia mudança do paradigma eurocêntrico de modernidade", que tinha uma marca colonialista, imperialista e capitalista. O novo paradigma que começou a se desenvolver – o da pós-modernidade – seria global, policêntrico e de orientação ecumênica. A Igreja Católica "veio a reconhecer isso somente em parte, e um pouco tarde".

O imediato predecessor de João XXIII, Pio XII, segundo Souza (2004, p. 21-23),

> [...] representava a encarnação do papado em toda a sua dignidade e superioridade. Herdara de seu antecessor uma Igreja fortemente centralizada. [...] Seus textos indicam que seu pontificado procurava propostas alternativas aos regimes totalitários. [...] Nenhum documento retratou a questão social. Seu pontificado pode ser considerado como o último da era antimoderna. [...] Pio XII via de forma positiva as reformas, mas sua atitude tendia para uma prudência exagerada [e] [...] começou a centralizar o governo em suas mãos.

Pio XII faleceu em outubro de 1958, depois de longa enfermidade.

Com grande surpresa, o conclave elegeu o patriarca de Veneza, o cardeal Ângelo Roncalli, que adotou o nome de João XXIII (1958-1963). A surpresa deu-se porque Roncalli era um desconhecido do público e a sua eleição parecia ser mais uma eleição de transição, pois o cardeal já tinha 77 anos. Não teve nenhum destaque nos cargos que ocupara (dentre eles o de núncio na Bulgária e na França), nem em outro campo eclesiástico. Tinha havido, então, certa decepção quando seu nome fora anunciado. Seria ele capaz de abrir-se e ir ao encontro das necessidades do mundo moderno?

Logo vieram as surpresas, não só pela "jovialidade" e simpatia, muito diferente de Pio XII, explica Souza (2004), mas, sobretudo, por seu projeto: três meses depois de ocupar a cátedra de Pedro, convocou um concílio, justamente após uma missa por intenção da unidade de todos os cristãos, celebrada na Basílica de São Paulo, em Roma. João XXIII dizia que durante o seu pontificado se daria uma ampla reforma da Igreja. Imaginemos a surpresa, especialmente da Cúria Romana, pois ela sempre pensou que a direção da Igreja estava na própria Cúria, e em boas mãos. Naturalmente, o espanto foi grande, pois uma Assembleia Internacional poderia causar muita confusão, pensavam alguns. Ainda segundo Souza (2004, p. 24):

> Em várias ocasiões, o Papa explicou suas motivações de convocar um concílio. Era necessário limpar a atmosfera de mal-entendidos, de desconfiança e de inimizade que durante séculos tinha obscurecido o diálogo entre a Igreja Católica e as outras Igrejas cristãs.

O próprio Papa mencionou a mais importante tarefa e contribuição para a unidade que o concílio deveria ter no seu programa: *aggiornamento*. Uma atualização da Igreja, uma inserção no mundo moderno onde o cristianismo deveria se fazer presente e atuante. O ponto fundamental dos seus discursos estava na explicitação clara das falhas da Igreja e na insistência da necessidade de mudanças profundas (Souza, p. 23-24). Este foi o grande motivo do nosso ponto de partida – o Vaticano II – para compreender o desenvolvimento e atualização da evangelização.

Souza (2004, p. 25) ainda relata que:

> No decorrer do pontificado aconteceram outros fatos marcantes para a modernidade. Deixou de nomear só cardeais italianos ou europeus e alargou seu colégio cardinalício com a nomeação de um negro, um filipino e um japonês. Iniciou contatos ecumênicos com o arcebispo anglicano de Cantuária, com o monge protestante de Taizé, Roger Schutz, e com o patriarca ortodoxo Athenágoras. No aniversário de 80 anos do líder soviético Khruchtchev, envia-lhe telegrama de felicitações, criando um vínculo de relações com o mundo comunista. Tempos depois, recebeu Alexei Adjubei, diretor do *Isvezstia* e membro do comitê central do partido comunista soviético.
> Mas seria uma grande ingenuidade histórica concluir que todo o seu pontificado foi inovador. Em diversos âmbitos permanecia restrito a quês conservadores. É necessário observar que as possibilidades surgidas nesse pontificado foram agarradas e transformadas num grande diálogo com a modernidade.

A sessão pública de abertura do Concílio Vaticano II aconteceu dia 11 de outubro de 1962 e contou com 2.540 padres conciliares participantes, com direito de voto na sessão de abertura; número este que sofreria alterações para mais ou para menos, dependendo do período conciliar.

> Já no discurso de abertura, João XXIII reafirmava a finalidade do concílio: aproximar as pessoas, do modo mais eficaz possível, ao sagrado patrimônio da tradição, levando em consideração as mudanças das estruturas sociais; não condenar os erros, mas mostrar a validade da doutrina da Igreja. João XXIII convidou a olhar

com confiança as relações entre Igreja e mundo. O Concílio deveria percorrer a estrada do *aggiornamento da fé* às exigências do mundo (Souza, 2004, p. 34).

Com a morte de João XXIII, o cardeal Montini (Giovanni Battista Enrico Antonio Maria Montini), arcebispo de Milão, é eleito Papa e adota o nome de Paulo VI. Ele era bem diferente do seu antecessor na origem, formação e na carreira. Fizera apenas duas intervenções na primeira sessão do Concílio. Foi considerado progressista moderado.

Conforme destaca Souza (2004), Paulo VI desenvolveu um trabalho pastoral na associação dos estudantes universitários. Trabalhou sempre no campo social e seguiu a linha de João XXIII, só que, ao contrário deste, conhecia bem a Cúria Romana, as oposições e as rivalidades internas.

Por meio de uma mensagem radiofônica, Paulo VI, já no dia seguinte à sua eleição, anunciava a sua intenção de continuar o Concílio e fixou a data 29 de setembro para reiniciar os trabalhos. Já na sessão de abertura o Papa elencou os objetivos do Concílio de maneira mais precisa que seu antecessor: 1) exposição da doutrina da natureza da Igreja; 2) reforma interna da Igreja; 3) importância da unidade dos cristãos; 4) o diálogo da Igreja com o mundo contemporâneo (Souza, 2004, p. 44).

Observemos que, com João XXIII, uma grande ênfase é dada sobre o *aggiornamento* da Igreja; já com Paulo VI, a ênfase é o diálogo com o mundo contemporâneo.

Gaudium et spes

A Constituição pastoral *Gaudium et spes* é o texto mais amplo de todo o Concílio e foi colocada como o "coração do Concílio" junto às outras constituições. Segundo Souza (2004, p. 64), trata-se de uma visão "completamente nova da relação entre Igreja e mundo, relação de aproximação e não de distanciamento, como havia sido com o *Sylabus* de Pio IX (1864)".

Este documento foi recebido com entusiasmo, mas talvez não se tenha ainda atingido a profundidade do texto e a Igreja não tenha encontrado os caminhos adequados para um verdadeiro diálogo, em muitas áreas de sua ação. O importante é que se continua buscando e já se percebe um grande esforço em muitas diretrizes da Igreja para um olhar *ad extra* (para fora).

Nos dizeres do Cardeal D. Aloísio Lorscheider (2004), que foi "padre conciliar", o objetivo do Vaticano II era, na opinião de João XXIII, a evangelização do mundo atual.

> Como evangelizar o mundo de hoje? Como anunciar o Evangelho e como vivenciá-lo? A intenção do Concílio era eminentemente pastoral: reler e interpretar o Evangelho para os nossos dias. Não era ideia do Concílio abolir o passado, nem Trento, nem Florença, nem Constança, nem qualquer outro Concílio, mas tão somente abrir-se ao novo que estava sendo gestado.

Ainda na afirmação de Lorscheider (2004), duas são as palavras-chave que sintetizam o propósito do Vaticano II:

- *aggiornamento:* com os sinônimos atualização, renovação, rejuvenescimento da Igreja;
- *diálogo:* com os sinônimos comunhão, reparticipação, corresponsabilidade, diaconia.

Nesse sentido, vale a pena recordar as palavras explicativas de D. Aloísio Lorscheider sobre o *aggiornamento*:

> *Aggiornamento* quer ser um escutar, um ir ao encontro, um abrir-se às justas exigências do mundo de hoje, em suas profundas mudanças de estruturas, de modos de ser (culturas), inserindo-se no mundo para ajudá-la, respeitando sempre a sua autonomia relativa (secularização), num espírito de doação, de caridade total, que é a diaconia, o serviço dos *anawin* (pobres de Javé). É considerar a maneira de pensar das criaturas humanas, a sua linguagem, o seu modo de ser, para apresentar o Evangelho de Jesus Cristo como única mensagem capaz de salvar. O Evangelho é a Boa-Nova, a Boa Notícia da saúde do corpo e da alma do mundo. Trata-se de uma abertura crítica ao mundo de hoje, fundamentada no Evangelho. É o aspecto encarnacionista do mistério da Igreja, a sua historicidade, com especial atenção aos sinais dos tempos. Focaliza-se aí a participação ativa da Igreja na história humana (LORSCHEIDER, 2004, p. 6).

E quanto ao diálogo:

> Diálogo é o testemunho dado de uma convicção íntima de fé, com a disposição de ouvir o testemunho de fé do outro. Trata-se do anúncio do Evangelho. Trata-se de se sentar juntos e descobrir como entendemos o Evangelho hoje.
> Quem inicia esse diálogo é o próprio Deus, que por seu Verbo, o Filho, no Espírito Santo, nos vem falar. Esse diálogo deve acontecer com as outras Igrejas cristãs de boa vontade; deve acontecer com as outras religiões, e deve acontecer também com os que não têm fé. É um diálogo animado por um amor fervoroso e sincero, sem colocar limites ou fazer cálculos, perseverante, claro, confiante, manso, psicologicamente prudente.

O Vaticano II trabalha com duas realidades: a revelação e a situação. Há uma nova concepção teológica da salvação. A salvação não é coloca da antes ou depois do mundo, mas dentro do mundo (LORSCHEIDER, 2004, p. 6).

Constatamos, então, que, por meio dos objetivos do Concílio Vaticano II, houve um grande esforço por parte da Igreja para atualizar-se na sua evangelização. É dentro deste contexto que a Igreja dedica atenção para um tema que se apresentou como "novidade" para a pauta de um Concílio: a área da comunicação. Trata-se do decreto *Inter Mirifica*.

Igreja e comunicação no Concílio – o decreto *Inter Mirifica*

Para compreendermos o documento *Inter Mirifica*, é importante conhecermos, brevemente, o desenvolvimento pontual dos meios de comunicação que, na virada do século 19 para o 20, começam a deslanchar trazendo as suas inovações, mas, também, consequências que exigirão novos padrões de comportamento e novos paradigmas.

Acompanhemos a *História da Comunicação*.[2]

A prensa: inventada por Gutenberg em *1452*, permitiu a reprodução fiel e a difusão de uma mesma mensagem. Os acontecimentos circulam com rapidez. Notícias ganham alcance continental, de forma periódica. Instala-se a ideia da liberdade de imprensa: é preciso dizer tudo.

A mensagem sem fronteiras: o ar é um suporte mais dinâmico e democrático do que as folhas de papel. Com os veículos "de massa", é possível atingir uma multidão de anônimos. As ondas do rádio encurtam distâncias. O telégrafo e o telefone possibilitam a comunicação instantânea – com a interação quase imediata de emissor e receptor – e, por isso, funcionam quase como extensões do corpo.

- *1835*: o telégrafo elétrico é inventado por Samuel Morse.
- *1876*: Alexander Graham Bell patenteia o telefone elétrico.
- *1887*: Emile Berliner inventa o gramofone.
- *1894*: o italiano Marconi inventa o rádio. Trinta anos depois, o veículo está no auge da sua popularidade.

---

[2] Adaptado de MAINARDI, R. *Geografia delle comunicazioni*: spazi e reti dell'informazione. Roma: La Nuova Italia scientifica, 1983.

O audiovisual – A ilusão do mundo real: a comunicação audiovisual poupa-nos o esforço da imaginação. Da urgência de captar o movimento de uma sociedade industrializada, surge a fotografia. Logo o cinema cria a ilusão do movimento real. A TV traz o mundo para dentro da sala e, com ele, as mensagens publicitárias. Há uma nova maneira de perceber o planeta: é o começo da globalização.

- *1827:* Joseph Nicéphore Niépce faz a primeira fotografia de que se tem notícia.
- *1888:* Aparece a câmera fotográfica de filme de rolo.

O cinema:

- *1895:* os irmãos Lumière inventam o cinema na França.
- *1910:* Thomas Edison faz a demonstração do primeiro filme sonoro.

A televisão:

- *1923:* A televisão é inventada por Vladimir Kosma Zworykin.
- *1927:* primeira transmissão de televisão na Inglaterra.
- *1934:* inventado o videotape.

Novas tecnologias – Tudo ao mesmo tempo agora: o mundo virtual é um imenso arquivo de dados sempre disponível. Não há fronteiras: tudo está ligado em rede planetária. E um minúsculo aparelho é capaz de nos dar acesso a todo esse universo. Os impactos da Internet mudam as relações de trabalho, o aprendizado e a vida social. É preciso rever alguns conceitos, como a liberdade de expressão.

- *1971:* surge o primeiro disquete de computador.
- *1976:* inventado o computador pessoal Apple I.
- *1981:* vendido o primeiro PC da IBM.
- *1994:* nasce a World Wide Web – a Internet.

O computador (sua evolução):

- O computador gigante.
- O computador pessoal.
- O computador móvel – o celular.

A cibercultura, a era digital

Inter Mirifica

Este decreto situa-se em meio a uma sociedade que já manifesta várias inovações quanto às novas tecnologias da comunicação, embora ainda se detenha prioritariamente na comunicação de massa. O decreto *Inter Mirifica* (entre as coisas maravilhosas) é o segundo dos dezesseis documentos publicados pelo Vaticano II.

Aprovado a 4 de dezembro de 1963, assinala a primeira vez que um concílio geral da Igreja se volta para a questão da comunicação. De fato, este documento tem grande importância, muito mais pela sua forma do que por seu conteúdo. Pela primeira vez um documento universal da Igreja assegura a *obrigação* e o *direito* de ela utilizar os instrumentos de comunicação social. Além disso, o *Inter Mirifica* também apresenta a primeira orientação geral da Igreja para o clero e para os leigos sobre o emprego dos meios de comunicação social. Havia agora uma posição oficial da Igreja sobre o assunto – uma aceitação oficial da Igreja dos meios de comunicação para desenvolver um trabalho pastoral.

> A Igreja Católica, tendo sido constituída por Cristo Nosso Senhor, a fim de levar a salvação a todos os homens e, por isso, impelida pela necessidade de evangelizar, considera como sua obrigação pregar a mensagem de salvação, também com o recurso dos instrumentos de comunicação social, e ensinar aos homens seu correto uso. Portanto, pertence à Igreja o direito natural de empregar e possuir toda sorte desses instrumentos, enquanto necessários e úteis à educação cristã e a toda a sua obra de salvação das almas (IM 3).

O documento refere-se aos instrumentos de comunicação, tais como imprensa, cinema, rádio, televisão e outros meios semelhantes, que também podem ser propriamente classificados como meios de comunicação social (IM 1). Ao enumerar esses meios, no entanto, o decreto refere-se ao que fora comumente classificado como meio de comunicação de massa até aquela data. Nenhuma atenção é dada, no documento, às forças que articulam os meios de comunicação, por exemplo, anúncios, marketing, relações públicas e propaganda.

Com a finalidade de demonstrar quanto e como o tema *comunicação* se posicionava naquele período histórico da Igreja, e qual era a sua compreensão sobre tal assunto, faz-se necessário observar que o decreto *Inter Mirifica* foi preparado antes da primeira sessão do Vaticano II pelo Secretariado Preparatório para a Imprensa e Espetáculos (novembro de 1960 a maio de 1962). O esboço do documento foi aprovado pela Comissão Preparatória Central do Concílio. Posteriormente, em novembro de 1962, o documento foi debatido na primeira sessão do concílio e o esquema, aprovado, mas o texto foi considerado muito vasto. A drástica redução do texto é penetrada de profundas conotações e deixa margem para as mais variadas conclusões. Durante o primeiro período conciliar, o texto de 114 artigos foi reduzido para 24 artigos e submetido novamente à assembleia em novembro de 1963. A apuração dos votos registrou 1598 "sim" contra 503 "não". Entretanto, ao contrário de demonstrar que isto seria um "ganho folgado", é preciso relevar que o *Inter Mirifica* foi o documento do Vaticano II aprovado com o maior número de votos contrários (BARAGLI, 1969). Baragli foi um dos membros da Comissão Preparatória desse documento.

O alto nível de oposição ao decreto, segundo o estudioso Baragli, foi atribuído à publicação simultânea de várias críticas ao documento, feitas por jornalistas em diversos jornais influentes da Europa e dos Estados Unidos. Houve três correntes de crítica: uma francesa, outra americana e uma terceira alemã. A crítica francesa se opôs ao esquema do decreto durante a assembleia dos bispos franceses. Suas críticas tiveram eco imediato em R. Laurentin, no *Le Figaro*; H. Fesquet, no *Le Monde*; e A. Wenger e N. Copin, na *La Croix*. Este último escreveu: "O esquema carece de conteúdo teológico, de profundidade filosófica e de fundamento sociológico" (BARAGLI, 1969, p. 144). Naturalmente que, sempre que se perde de vista a interdisciplinaridade da comunicação, a tentação é compreendê-la ou reduzi-la de acordo com esta ou aquela disciplina. Também atualmente seria possível aprofundar muito o diálogo entre comunicação e teologia, se trilhássemos caminhos desprovidos de reduções e preconceitos.

A segunda corrente, americana, iniciou sua ação na Agência de Imprensa, *US Bishop's Press Panel*, em 14 de novembro de 1963. O que se afirmava era que o documento não haveria de trazer mudanças significativas, uma vez que o texto "não continha posições inovadoras". Dizia-se que o documento proclamava oficialmente "um conjunto de pontos previamente afirmados e pensados em nível mais informal" (BARAGLI, 1969, p. 144). A surpresa dos jornalistas americanos residia também e especialmente no artigo 12 do decreto que trata da liberdade de imprensa. Decididos a fazer com que o documento não fosse aprovado, os jornalistas americanos elaboraram um folheto mimeografado, no qual o esquema era julgado vago e trivial, falando de uma imprensa inexistente, vista apenas como uma exortação pastoral. Chegaram a alertar que o decreto, "assim como está agora", demonstrava à posteridade a incapacidade do Vaticano II de enfrentar os problemas do mundo atual (BARAGLI, 1969, p. 168).

A oposição alemã, assinada por 97 padres de diferentes regiões, manifestou-se no dia 18 de novembro, mediante uma carta dirigida à Décima Comissão Conciliar, responsável pela redação do documento, propondo um novo estudo e um novo esquema. O grupo alemão também lançou uma circular, que foi distribuída na Praça São Pedro momentos antes da sessão conciliar. A circular caracterizava-se pelo pedido aos bispos para optar pelo *non placet* (não satisfaz), porque o esquema era indigno de figurar entre os decretos conciliares, pois não refletia os anseios do povo e dos entendidos no assunto.

A manifestação pública dos jornalistas franceses, americanos e alemães teve forte influência sobre os bispos participantes do Vaticano II. Como mencionamos previamente, o *Inter Mirifica* foi aprovado com o maior número de votos negativos dado a um documento do Vaticano II.

Ainda que o texto original do *Inter Mirifica* tenha reduzido de 114 para 24 artigos, o documento foi mais positivo e mais matizado do que os demais documentos pré-conciliares. Os 24 artigos que compõem o decreto conciliar estão assim divididos: uma breve introdução (2 artigos); o capítulo 1, com 10 artigos destinados à doutrina; o capítulo 2, com 10 artigos referentes à ação pastoral; e os 2 artigos da conclusão.

A introdução utiliza os termos "instrumentos de comunicação social", preferindo-os a "meios audiovisuais", técnicas de difusão (expressão usada correntemente na França naquela época), "meios de informação", "mass media", ou "mass communications". Tal preferência baseou-se no fato de que o decreto queria se referir a todas as tecnologias de comunicação.

Depois, o Vaticano II usou um conceito de tecnologia que não se atinha apenas às técnicas ou à difusão destas, mas incluía os atos humanos decorrentes, que são, no fundo, a principal preocupação da Igreja em seu trabalho pastoral. Do mesmo modo, a expressão "comunicação social" foi preferida aos termos "mass media" e "mass communication", que parecem discutíveis e ambíguos por sugerirem a "massificação", como se esta fosse decorrência inevitável da utilização dos instrumentos de comunicação social. A Igreja quis assumir assim uma visão mais otimista da comunicação ante as "questões sociais". Em outras palavras, quis não apenas abarcar o fator técnico, mas também o aspecto humano e relacional, isto é, o agente que opera as técnicas (e os que o recebem), além da consideração dos instrumentos de comunicação. Tal intenção foi sem dúvida importante, mas ao longo de sua história e, ainda hoje, a Igreja continua, em grande parte, "presa" ao discurso dos instrumentos, à utilização das técnicas, enquanto o discurso da comunicação já se tornou mais amplo e complexo, incluindo uma gama de variedades e interferências na cultura midiática atual.

Nos parágrafos introdutórios do primeiro capítulo, o *Inter Mirifica* assegura, pela primeira vez num documento universal da Igreja, a obrigação e o *direito* de a Igreja usar os instrumentos de comunicação social (IM 3).

> A Igreja Católica foi encarregada por Jesus Cristo de trazer a salvação... para proclamar o Evangelho. Consequentemente, ela julga que seja parte de seu dever pregar a Boa-Nova da redenção com o auxílio dos instrumentos de comunicação social... Por essa razão, a Igreja reivindica, como direito inato, o uso e a posse de todos os instrumentos desse gênero, que são necessários e úteis para a formação cristã e para qualquer atividade empreendida em favor da salvação do homem (IM 3).

Houve surpresa por parte de alguns críticos, como J. Vieujean (apud BARAGLI, 1969, p. 313), com o fato de que um documento conciliar começasse por afirmar os direitos da Igreja no uso dos instrumentos de comunicação. Entretanto, é o próprio Baragli quem argumenta que, já que o primeiro capítulo abordava as premissas da doutrina da Igreja, esse era o lugar ideal no documento para tal afirmação. Tratava-se de uma imposição lógica, concernente à própria estrutura do documento. Segundo Baragli, a ênfase deveria ser colocada em "direito inato" (*nativum*). Portanto, isto não deve ser entendido como direito de posse, mas como parte da missão da Igreja de educar e de contribuir para o desenvolvimento da humanidade. A última, mas não menos importante razão para tal afirmação, era o fato de o direito nato da Igreja ao uso e à posse de todas as tecnologias de comunicação ter sido negado em vários países sob regimes totalitários.

A maior contribuição do *Inter Mirifica*, no entanto, foi sua assertiva sobre o direito de informação:

> É intrínseco à sociedade humana o direito à informação sobre aqueles assuntos que interessam aos homens e às mulheres, quer tomados individualmente, quer reunidos em sociedade, conforme as condições de cada um (IM 5).

Considerando, provavelmente, como a mais importante declaração do documento, este trecho demonstra que o direito à informação foi visto pela Igreja não como um objeto de interesses comerciais, mas como um bem social. Dezessete anos depois o Relatório MacBride – Many voices, one world: communication and society today and tomorrow (Unesco, 1980) [Muitas vozes, um só mundo: comunicação e sociedade agora e no futuro] – iria além do "direito à informação" ao defender o "direito à comunicação".

> A comunicação, atualmente, é material de direitos humanos. Mas é interpretada cada vez mais como um direito à comunicação, indo além do direito de receber comunicação ou de ter acesso à informação (MACBRIDE, 1983, p. 277).

O primeiro capítulo do *Inter Mirifica* também aborda temas como a opinião pública, já considerada anteriormente por Pio XII. E dirige-se ao público em geral, não apenas ao que está ativamente envolvido com os meios de comunicação, mas também ao receptor das mensagens.

O artigo 12 foi um dos mais polêmicos: analisa o dever da autoridade civil de defender e tutelar uma verdadeira e justa liberdade de informação. Este artigo foi interpretado, especialmente por alguns jornalistas americanos, como sendo contra a liberdade de imprensa. Realmente, o *Inter Mirifica* justifica a interferência do Estado, a fim de proteger a juventude contra a "imprensa e os espetáculos nocivos à sua idade" (IM 12).

Por outro lado, o artigo 12 não é bem claro mesmo em sua língua original (latim), pois fala da *civilis auctoritas* (autoridade civil), em um lugar, e, mais além, da *Publica potestas* (poder público). O decreto usa ambos os termos com o mesmo sentido, mas a tradução, em diversas línguas, acabou por reduzi-los à "sociedade civil". No entanto, atribuir direitos e deveres à sociedade civil não parece ser a mesma coisa que atribuí-los às autoridades públicas, aos governos. Fica patente, neste artigo 12, que a Igreja deveria ter feito mais pesquisas no assunto e ter contado com a assessoria de peritos nessa área, mesmo católicos, de modo a oferecer soluções mais adequadas à proposta de *aggiornamento* (SOARES, 1988). Aliás, esta parece ser uma "falha" que permanece na Igreja, salvo certos casos ou posições de algumas Conferências Episcopais. A comunicação é interdisciplinar, mas tem o seu discurso histórico, sociocultural próprio a ser considerado quando a Igreja aborda essa temática, para que não aconteça que a comunicação seja vista somente pelo viés de certas disciplinas que não conhecem ou reduzem a comunicação ao "uso" ou "consumo" existente na sociedade de hoje. A comunicação é bem mais ampla e complexa.

O segundo capítulo do *Inter Mirifica* volta-se para a ação pastoral da Igreja em relação aos instrumentos de comunicação social. Nesta parte pastoral do decreto, tanto o clero quanto o laicato foram convidados a empregar os instrumentos de comunicação no trabalho pastoral. Enumeram-se então diretrizes gerais, referentes à educação católica, à imprensa católica e à criação de secretariados diocesanos, nacionais e internacionais, de comunicação social ligados à Igreja (IM 19-21). Medidas são sugeridas para que se consagre um dia por ano à instrução do povo no que tange à reflexão, discussão, oração e deveres em relação às questões de comunicação – Dia Mundial das Comunicações (IM 18). Do mesmo modo, determinou-se a elaboração de uma nova orientação pastoral sobre comunicação, "com a colaboração de peritos de várias nações", sob a coordenação de um secretariado especial da Santa Sé para a comunicação social (IM 23).

Embora o Papa Paulo VI afirme que o *Inter Mirifica* não "foi de pouco valor", os comentaristas concordam com o fato de que, se este decreto tivesse sido discutido mais no final do concílio, após as muitas sessões consagradas à Igreja no mundo moderno e à liberdade religiosa, o texto do *Inter Mirifica* teria sido particularmente mais enriquecido. Como querem alguns, o decreto olhou o passado e não o futuro, olhou para dentro e não para fora. Ele não aproveitou as realizações criativas do profissionalismo e da prática secular em comunicação de massa.

Apesar de tantas limitações, é mais do que justo ressaltar os aspectos positivos do *Inter Mirifica*, os quais, ao longo destes cinquenta anos, se transformaram em objeto de atenção por parte da Igreja e se desenvolveram em dimensões maiores ou menores, segundo o interesse e a "inculturação" da Igreja nas mais diversas realidades, incluindo o Brasil. Em resumo, esse decreto pode ser considerado um divisor de águas em relação à mídia, e não um fim em si mesmo (SOARES, 1988). Foi a primeira vez que um concílio ecumênico da Igreja abordou o assunto da comunicação, dando independência ao tema dentro da Igreja. Fez também um avanço em relação aos documentos anteriores, ao conferir à sociedade o direito à informação (IM 5), à escolha livre e pessoal, em vez da censura e da proibição (IM 9). Além de reconhecer que é dever de todos contribuir para a formação das dignas opiniões públicas (IM 8), o decreto assume os instrumentos de comunicação social como indispensáveis para a ação pastoral. Finalmente, o *Inter Mirifica* incentiva (um mandato) para que se constitua, se crie o Dia Mundial das Comunicações, o único indicado por um concílio da Igreja, no n. 18 do decreto.

Sugestão para refletir e agir

1. Por que o Concílio Vaticano II (1962-1965) foi o maior acontecimento eclesial do século 20?
2. Qual a natureza do Concílio Vaticano II? Doutrinal? Pastoral? "Acertar o passo", "resgatar" o diálogo com a sociedade contemporânea?
3. O que o Vaticano II fez em relação à comunicação?
4. O que representa o decreto *Inter Mirifica* no conjunto dos esforços da Igreja para a evangelização?

Capítulo 3
Trajetória Igreja--comunicação: a evangelização num contexto de mudanças

Para este capítulo, elegemos como recorte a evangelização num contexto de mudanças, transformações que constituem a plataforma, o "chão", o "palco", onde se desenvolve a comunicação. Daí suas novas formas, nascidas também do impacto das novas tecnologias, objeto do nosso próximo capítulo. Nossos objetivos principais são: continuar o *aggiornamento* pretendido pelo Concílio Vaticano II, ou seja, uma evangelização que leve em consideração o diálogo entre fé e cultura contemporânea. O recorte, então, dentro desse quadro é percorrer a trajetória da relação Igreja/comunicação que se faz por meio dos Documentos Oficiais da própria Igreja.

Ao longo do caminho, há uma "reviravolta" no pensamento da Igreja e, consequentemente, na evangelização, a fim de entrar no mundo da comunicação. Além disso, uma forte insistência para que a "evangelização" leve em conta a cultura, a preparação e formação à comunicação, para poder desenvolver o diálogo, respeitando as novas percepções da fé.

A abertura da Igreja trouxe consequências traduzidas, gradativamente, no percurso de evangelização na América Latina com as diretrizes das Conferências Episcopais.

O significado profundo de uma "nova" evangelização deve ser sempre o fio condutor do caminho sem fronteiras da missão da Igreja no mundo contemporâneo, no mundo da comunicação.

Cenário de fundo – Modernidade e pós--modernidade: grandes transformações[1]

Ao abordar, ainda que brevemente, a modernidade e a pós-modernidade, devemos ter em conta que se trata de um período marcado pela crise de paradigmas. No início de um novo século, cresce a preocupação e a ansiedade pela constatação de uma crise chamada de paradigmas, herança que marca e que recebemos no fim do milênio recém-terminado.

É importante refletirmos sobre o fato de que vivemos uma nova etapa na realidade histórico-cultural, isto é, encontramo-nos em uma prática que anula as "construções teóricas e filosóficas criadas desde o Iluminismo"; abandona-se o eixo de pensamentos que orientavam a atuação política, a reflexão teórica e o agir cotidiano, especialmente nas sociedades ocidentais. Surge a necessidade de reorganizar o pensamento e de renovar o aparato conceitual. E o marco que caracteriza a divisão, a passagem dos dois milênios, assenta-se e define-se como uma crise da modernidade, que inclui o declínio das ideologias, das ciências, e de tudo o que acompanhou o pensamento até pouco tempo e que, hoje, provisoriamente, recebe o nome de *pós-moderno*. A revolução do "depois da modernidade", entretanto, é muito mais radical do quanto se acreditava inicialmente. Trata-se de enfrentar uma redefinição de conceitos não somente em vários campos, como também sobre uma variedade de argumentos. Por exemplo, com as novas tecnologias de comunicação, o conceito de trabalho se modificou. Com a cultura digital, o conceito de interatividade assumiu um novo significado.

Vivendo em período de crise, as sociedades, em geral, passam não somente por aspectos mais imediatos da sociedade, da convivência, mas alcançam os níveis profundos da cultura e do *éthos* coletivo (frequentemente os últimos documentos da Igreja e os discursos de João Paulo II aludem ao período de crise pelo qual passa a sociedade hoje). Além de João Paulo II, também Bento XVI referiu-se ao relativismo, em várias ocasiões, como na audiência pública, no dia 5 de agosto 2009, em Castel Gandolfo.

---

[1] Fazem parte deste capítulo conteúdos publicados pela autora nas obras *Cultura midiática e Igreja: uma nova ambiência* e *Comunicação: diálogo dos saberes na cultura midiática*, e consta aqui com objetivo metodológico para análise e reflexão sobre o discurso progressivo da Igreja em relação à comunicação.

Conforme afirma o Papa:

Os desafios da sociedade não são menos exigentes, aliás, talvez se tenham tornado mais complexos [o Papa se referia a São João Maria Vianney, o Cura d'Ars, por ocasião do 150º aniversário do seu nascimento]. Se então havia a "ditadura do racionalismo", na época atual registra-se em muitos ambientes uma espécie de "ditadura do relativismo". Ambas aparecem como respostas inadequadas à maior exigência do homem, de usar plenamente a sua razão como elemento distintivo e constitutivo da própria identidade.

Na década de 1960, após as mobilizações políticas, com o mundo progressivamente polarizado entre socialismo e capitalismo, o movimento estudantil de maio de 1968, ocorrido na França, a Primavera de Praga, sucedida na Tchecoslováquia no mesmo ano, a Revolução Cubana, o Golpe Militar no Brasil e em muitos países da América Latina (para citar algumas), levaram muitas pessoas, especialmente em alguns continentes, a desistirem de interessar-se por questões sociais. Abandonada a esperança de melhorar a vida de modo significativo, as pessoas convenceram-se de que o que realmente conta é o melhoramento do próprio estado psíquico: dar vazão às próprias sensações, alimentar-se com produtos naturais, frequentar classes de dança, fazer *jogging*, aprender a "entrar em relação", aprender a vencer "o medo do prazer". Esses objetivos, em si inofensivos, implicaram (e ainda implicam) um novo modo de fazer política, bem como o repúdio ao "passado recente". Viver para o presente tornou-se a obsessão dominante, viver para si mesmos, não para os predecessores ou pósteros. Estamos perdendo, rapidamente, o senso da continuidade histórica, o sentido de pertença a uma sucessão de gerações. Vive-se o presente e basta![2]

O que mencionamos anteriormente é, em síntese, a consequência da modernidade e a sua passagem para a pós-modernidade. Se analisarmos as características fundamentais da modernidade, as encontramos sinteticamente no parágrafo apenas descrito. Entramos já no contexto específico da modernidade. O emergir da "razão" com o Iluminismo, e o da "produção" com a Revolução Industrial, nos séculos 18 e 19, constituem os elementos-chave da "específica visão" do homem e do mundo que permeia sempre mais a sociedade tanto do Ocidente como do Oriente, através de uma rápida expansão, propiciada pelas tecnologias de comunicação.

---

[2] LASCH, Christopher. *La Cultura del Narcisismo*: l'individuo in fuga dal sociale in un'età di disillusioni collettive. Milano: Bompiani, 1992.

Noção de modernidade

A noção de modernidade é complexa. Pretende trazer o "novo e o progresso". Ela pode significar um processo histórico circunscrito no tempo e no espaço e, ao mesmo tempo, compreende uma ideologia ou uma retórica de mudança, de progresso e de vanguarda. Assim, ela pode implicar uma ruptura com o passado.

A modernidade se estabelece no Ocidente a partir do século 16, como estrutura histórica e controversa de mudança. Entretanto, ela assume toda a sua amplitude somente a partir do século 19. Mesmo sendo difícil definir radicalmente um período da história referente à modernidade, podemos dizer que é a partir da descoberta da América (Cristóvão Colombo, 1492) que se constitui o fim da Idade Média e o início dos tempos modernos. É também desse período a invenção da imprensa, as descobertas de Galileu e o humanismo do Renascimento. Tudo isso inaugura um *modo novo de ver a realidade*.

No dizer de um estudioso contemporâneo, Piersandro Vanzan (1995):

> A modernidade invade todas as esferas da vida: a arte (a inspiração religiosa se enfraquece depois do Renascimento), a técnica, a política, os valores morais. A título de síntese, e para completar o quadro do ponto de vista histórico, assistimos ao início do distanciar-se da ciência e do seu método do quadro de referência aristotélico e teológico; depois a filosofia afastou-se da fé e da revelação; a crítica bíblica começou a arredar-se da tradição; o Direito procurou fundamentar-se fora dos alvéolos da razão, enquanto a política se dissociava abertamente da moral e de toda tutela da Igreja.

E, referindo-se à passagem da sensibilidade medieval a uma que trazia o significado e o valor autônomo do homem e do mundo, Piersandro Vanzan afirma que tal passagem "trazia consigo o desejo de uma nova síntese que alimentava a tentativa de abrir-se à inovação sem descuidar o fato da tradição". De fato, continua o autor,

> [...] os espíritos mais sensíveis advertiram que a síntese medieval era já inadequada e que era oportuno repensar um humanismo integral baseado em uma relação com Deus e o homem, Evangelho e cultura, fé e razão.

Foi uma tentativa dos espíritos lúcidos, mas tratou-se de uma percepção que se poderia definir como "aurora incompleta" e de uma "outra modernidade'". Ao invés disso, caminhou-se progressivamente em direção ao divórcio entre fé e razão, entre fé e ciência, fé e política etc.

Aquilo que podemos chamar de "aurora" foi percebido por poucos. A maioria se empenhava em batalhas de defesas e justificativas, perdendo de vista a leitura dos sinais dos tempos. É assim que se perde o processo dialógico entre fé e cultura, já mencionado anteriormente, e que o Concílio Vaticano II quis recuperar. Infelizmente, com uma visão míope e tardia em acolher o espírito novo (tido como um perigo, antes que um *Kairós* da Graça), cerraram-se as pontes para o diálogo. E hoje assistimos àquilo que Paulo VI afirma na *Evangelii Nuntiandi* (n. 20): "a ruptura entre Evangelho e cultura é, sem dúvida, o drama da nossa época".

A secularização é o impacto mais visível da modernidade sobre a fé cristã. Percebe-se um modo de pensar e de viver sem Deus e a sua palavra como referência. Entretanto, mesmo que seja de grande importância, não analisaremos neste trabalho a questão da modernidade e da fé cristã. A consideração sobre a modernidade é colocada neste contexto, enquanto, juntamente com a comunicação, forma um dos grandes eixos da sociedade.

A modernidade, que não pode ser explicada sem levar em conta as diversas mudanças, pode ser definida como uma ideia reguladora, uma cultura, um estado do espírito (juntamente com outras aspirações, procuras, valores). Segundo Domenach (1986), é um modo de pensar, um estilo de vida e uma mentalidade que possuem características e valores próprios: a hegemonia da eficiência, a supremacia da estrutura sobre o conteúdo, a promoção da racionalidade.

Do século 19 aos nossos dias, o processo de ruptura com o passado foi se reafirmando constantemente. Naquele século começava-se a viver um progresso contínuo das ciências e das técnicas, a separação racional do trabalho, a urbanização que introduziu mudança nos costumes e a "destruição da cultura tradicional". É nesse século que vemos o emprego crescente das novas formas de energia, de meios mais eficazes de produção e de transporte, de organização racional.

Segundo Domenach (1986), a modernidade pode ser entendida, então, como um princípio regulador, uma cultura, um modo de ser que se impõe no final do século 18 e que é escrito na época em que os manuais de história chamam-na contemporânea. Diz respeito a uma categoria que engloba todos os poderes: estado, sociedade, técnica, costumes, ideias, valores, arte, moral, religião etc. Na diversidade dos elementos que compõem as características da modernidade, acentuam-se o aspecto do progresso das ciências e das técnicas, a formação do capitalismo industrial, a explosão cultural, o avanço da razão que conquista e domina.

As ideias de base ou características básicas da modernidade que podem ser elencadas e que nos parecem as mais pertinentes como tal são: o homem, enquanto "indivíduo", é artífice da própria história, e emerge como catalisador da modernidade; torna-se a referência e a medida não somente de si mesmo, mas também daquilo que vai além dele mesmo. Por isso, sem a pretensão de entrar em uma análise sociológica e antropológica profunda sobre a modernidade, podemos concluir que a modernidade move-se dentro da tríade *razão, felicidade e liberdade*.

Primeiramente, é um discurso da *autonomia da Razão*, que reivindica a sua autonomia diante do sagrado. Trata-se do triunfo da razão que avança em várias dimensões: crítica da tradição e da autoridade, porque se funda especialmente sobre a verdade da experiência científica. Trata-se da verificação do real. O critério da verdade passa, então, a ser o real.

Neste contexto da autonomia da razão, encontramos o *Império da razão instrumental*. Esta racionalidade permeia, dirige e anima o processo de civilização ocidental. Trata-se do domínio do homem sobre a natureza, mediante o *primado da razão instrumental técnica*. E a *técnica desafia diretamente o mundo da produção e a sua eficácia*. Segundo esse princípio, a razão instrumental resolve os problemas sociais. Nasce uma ética da eficácia, da produtividade.

O desenvolvimento tecnológico, no decorrer do século 20, tornou-se vertiginoso. E Marco Guzzi (1997), ao abordar o "espírito" da técnica, diz que as tecnologias não são simplesmente instrumentos colocados nas mãos de um homem que pode servir-se delas como quer, ficando, porém, tudo igual a si mesmo; mas são, ao invés, atuações complexas que plasmam e transformam as nossas mãos. As técnicas não são meios alheios à essência do homem, mas formas históricas, as concretizações encarnadas do seu manifestar-se. O homem é, portanto, por sua natureza "técnico", isto é, artístico, poético, criativo. Expressa a sua essência criando linguagens que são todas, em um certo senso, *artificiais*, e, portanto, "técnicas".

Dentro deste contexto de razão instrumental, verificamos que, no fim do século 20, a técnica desenvolve-se na linha eletrônica, das biotecnologias, da informação e comunicação, do domínio da energia. É a grande era da informática! Realmente, como disse Domenach (1986,

p. 14), "a técnica, a informática, constitui o maior fenômeno da nossa época e o eixo em torno ao qual se organiza o desenvolvimento da nossa vida social – mas é também a questão mais importante, inquietante e controversa".

Em uma interpretação do teólogo Libânio (1997, p. 125), referindo-se à modernidade, o homem, com a ciência e com a razão, pode dominar toda a natureza; nasce, assim, a mentalidade que a "cultura tem como ideal a racionalidade, a eficácia, a técnica, para criar as condições da felicidade, do conforto da vida para o ser humano". Essa visão está bem presente nos meios de comunicação social.

Como parte da tríade característica da modernidade, está também o discurso da liberdade, que se apresenta na economia como "liberalismo econômico"; na política como "democracia"; na religião como "liberdade religiosa", que acaba num amplo pluralismo. É preciso pensar, porém, que o anseio de liberdade do mundo moderno é muito mais que libertinagem. Emerge o desejo de "ser" diante de um mundo sempre mais opressor e duro. Seria, então, a liberdade moderna uma tentativa de resposta a um complexo de opressões e escravidões da família, da sociedade, da economia, da cultura dominante, da técnica, da política e da religião mesma. É um desejo utópico de um mundo onde a pessoa não perca a sua dignidade e a sua capacidade de ser ela mesma e que não seja constrangida a escravizar-se para poder sobreviver. Diante da massificação, a modernidade redescobre a intimidade da pessoa, o seu valor inefável, a sua capacidade de viver e de experimentar o humano e o divino, de valorizar a própria experiência e cultivar o gratuito, a arte, a cultura e a religião.

O *discurso da felicidade/individualismo* é outra característica da modernidade, orientada em direção a uma felicidade que se identifica com o prazer. A procura da felicidade vem marcada pelo hedonismo contemporâneo e pela sua necessidade de prazer imediato, do narcisismo, disposto a usufruir o momento presente, a usufruir a vida e o sexo ao máximo.

Enquanto nos surpreendemos, surge, também, uma pergunta: por que isto sucede? O que se esconde por traz de tal comportamento? O que está subjacente a esse hedonismo?

Acreditamos que o mundo moderno age assim impulsionado por uma série de procuras que não consegue satisfazer na sua vida cotidiana. O ser humano sente a solidão das grandes cidades modernas e procura a companhia, mesmo que transitória e momentânea. Diante da crueldade do mundo moderno e de seu planejamento tecnocrático, diante da destruição ecológica, o homem e a mulher moderna procuram um pouco de ternura, de amor, mesmo se em migalhas, um pouco de felicidade, de alegria, de espontaneidade e simplicidade. Por isso, o hedonismo não é assim tão simples como pode parecer. Subjacente ao hedonismo, está a expressão, sem dúvida, muitas vezes desviada e abusiva, de procura de amor, de relações humanas, de ternura, de um pouco de prazer, de transcendência, de afirmação da vida.

Hoje, podemos dizer que existe uma "idolatria do mercado". Por detrás de tanta ânsia de riqueza, existe também alguma coisa de mais profundo do que o simples consumismo superficial e epidérmico.

O ser humano "moderno", no fundo, tem medo do futuro e teme perder a felicidade, pois passou por guerras horríveis e crises econômicas que a cada momento ameaçam a inflação e a perda dos valores conquistados. Oferecer aos seus a segurança, providenciar um amanhã para os seus filhos, assegurar-lhes a todo custo um futuro, é o grande desejo do homem, pois as pessoas vivem em um mundo tão cruel, onde cada um tem que procurar por si mesmo a salvação, esquecendo-se dos outros. No fundo, escondem-se o medo da morte e o vazio. Por isso, o homem se agarra ao "deus" dinheiro como sua salvação. E esse medo da morte não é senão o reverso da medalha, da ausência de um mundo mais justo, onde haja para todos o suficiente para viver e não se deva lutar de maneira tão "selvagem" para sobreviver.

Pós-modernidade: uma continuação com outra "cara"?

Justamente no final dos anos 1960 e início dos anos 1970, verifica-se uma profunda mudança cultural nos países do Primeiro Mundo. O advento de uma nova cultura, ou seja, uma etapa do capitalismo pós-industrial, chamado pós-modernismo, que não pode ser definido como uma nova época, mas como uma "reedição do modernismo", uma "reedição" de algumas características que a modernidade gostaria de ter atingido, como afirma o filósofo Lyotard (1984), que entendeu a modernidade como uma condição cultural caracterizada pela mudança constante na perseguição do progresso, e pós-modernidade como a culminação desse processo em que a mudança se tornou constante. Segundo o autor, o termo pós-modernidade é provisório, pois refere-se a formas culturais que vão surgindo nestas últimas décadas da sociedade.

Vamos encontrar, então, entre tantos pensadores, a filósofa húngara Agnes Heller (1999), com a expressão de que o mundo de hoje, aquele que teve início nas últimas décadas, está provocando uma ruptura profunda com a modernidade do século passado. Tal ruptura não acontece, porém, na economia, onde ocorre uma evidente continuidade, a globalização do capitalismo, a expansão acrítica nos confrontos da eficácia sem alternativa das operações do mercado, como sinal dos recursos mundiais.

De fato, se analisarmos rapidamente essa continuidade, veremos que a tecnologia contemporânea é o produto da lógica das revoluções tecnológicas precedentes, e não há mudança de direção na sua matriz estrutural: abolição do esforço humano e da mão de obra nos processos produtivos; manipulação e domínio da natureza e dos recursos naturais em função da economia, do comércio e dos mercados; o ganho econômico como motor do acúmulo, da competência, da criatividade, da vida em sociedade. Esses três elementos da matriz tecnocultural não mudaram com as sucessivas revoluções tecnológicas, que permitiram e possibilitaram a existência e o desenvolvimento do mercado, cada vez mais globalizado na interdependência comunicativa, nos padrões de comportamento baseados na teoria do consumo sem fim.

Onde é que se situa, então, a ruptura com a modernidade? É no terreno da cultura. O conceito de cultura aqui é antropológico, portanto, abarca todas as esferas: crenças, modo de viver, de se relacionar, estilos de vida, modos de lidar com novos produtos, especialmente na esfera da tecnologia etc. Há uma crise cultural, outra forma de relacionar-se, baseada não prevalentemente sobre a procura dos laços da convivência humana, mas de uma convivência construída pela sociedade e segundo os interesses dos parâmetros dominantes da sociedade. Uma realidade que ameaça as comunidades e sua identidade. Podemos, portanto, compreender como a desesperada busca da identidade é o novo drama das culturas.

De fato, a questão da identidade é um dos pontos fortemente discutidos hoje, na teoria social, pois, como afirma Stuart Hall (2003), "as velhas identidades", que haviam por longo tempo estabilizado o mundo social, hoje se encontram em declínio, fazendo surgir novas identidades e fragmentando o indivíduo moderno. O indivíduo era, até então, visto como um "sujeito unificado". Entretanto, a "crise de identidade" deve ser vista como parte do processo de mudança, pois esta desloca progressivamente estruturas e processos centrais das sociedades modernas e acaba por abalar quadros de referência que, segundo Hall (2003), davam às pessoas uma "ancoragem estável no mundo social".

Na verdade, o conceito "identidade" é bastante complexo, pouco compreendido na ciência social contemporânea e as opiniões dentro da comunidade sociológica encontram-se profundamente divididas. Naturalmente, é difícil oferecer afirmações conclusivas, pois trata-se de um fenômeno que estamos vivendo e observando. No entender de Hall há três concepções diferentes de identidade. Há o sujeito do Iluminismo, o sujeito sociológico e o sujeito pós-moderno.

Segundo a exposição de Hall:

> O *sujeito do Iluminismo* estava baseado numa concepção da pessoa humana como um indivíduo totalmente centrado, unificado, dotado das capacidades de razão, de consciência e de ação, cujo centro consistia num núcleo interior que emergia pela primeira vez quando o sujeito nascia e com ele se desenvolvia, ainda que permanecendo essencialmente o mesmo – contínuo ou "idêntico" a ele – ao longo da existência do indivíduo. O centro do eu era a identidade de uma pessoa. [...]
> A noção de *sujeito sociológico* refletia a crescente complexidade do mundo moderno e a consciência de que este núcleo interior do sujeito não era autônomo e autossuficiente, mas era formado na relação com "outras pessoas importantes para ele", que mediavam para o sujeito os valores, sentidos e símbolos – a cultura – dos mundos que ele/ela habitava. [...] De acordo com essa visão, que se tornou a concepção sociológica clássica da questão, a identidade é formada na "interação" entre o eu e a sociedade. [...]
> O sujeito previamente vivido como tendo uma identidade unificada e estável está se tornando fragmentado; composto não de uma única, mas de várias identidades, algumas vezes contraditórias ou não resolvidas. [...] o próprio processo de identificação, através do qual nos projetamos em nossas identidades culturais, tornou-se mais provisório, variável e problemático.
> Esse processo produz o *sujeito pós-moderno*, conceitualizado como não tendo uma identidade fixa, essencial ou permanente. A identidade torna-se uma "celebração móvel": formada e transformada continuamente em relação às formas pelas quais somos representados ou interpelados nos sistemas culturais que nos rodeiam (HALL, 2003, p. 10-13).

De fato, sem entrar na controvérsia atual entre os sociólogos, filósofos, antropólogos culturais, históricos e teólogos a cerca do fim da modernidade, e as questões de identidade, concordamos com o filósofo Lyotard quando ele expressa o seu pensamento sobre a pós-modernidade referindo-se a ela como se fosse um reescrever o modernismo, ou seja, as mesmas características da modernidade, mas agora com novas narrativas e comportamentos sociais.

Uma "reescritura" da modernidade deve ser entendida como um período em que convivem o superamento dos valores da modernidade e a procura de novos valores que ainda não conseguimos identificar.

Podemos, portanto, perceber uma época caracterizada como:

- *Pós-industrial (revolução técnico-científica)*: no estágio de pós-modernidade, a revolução industrial já se encontra superada. É só pensar no desenvolvimento da informática, da robótica e de novas técnicas produtivas que permitem a passagem para uma nova forma de capitalismo. Portanto, um estágio pós-industrial, baseado na alta tecnologia, com acentuada repercussão nos setores financeiros. Assim que, "essa nova forma de capitalismo comporta uma reestruturação política, na qual a classe dirigente, isto é, aquela que decide no nível macrossocial, deixa de ser constituída pela classe política tradicional e passa a ser formada por uma mistura heterogênea de chefes de empresa, altos funcionários técnicos estatais (...) em uma forma grandemente atomizada" (ANDRADE, 1993, p. 9-113).
- *Frustração:* anteriormente, dissemos que a ideia-força caracterizada na modernidade é a do progresso humano e da crença na capacidade ilimitada da razão humana, como proposta e orientação para um modelo de vida. Trata-se da revolução técnico-científica, pretendida como a geradora da "felicidade" do homem da sociedade contemporânea.

Surgem, entretanto, sentimentos profundos de frustração. As duas guerras mundiais, por exemplo, só foram possíveis por causa do desenvolvimento da tecnologia (1900-1950). O resultado, porém, é uma grande frustração das relações políticas da Alemanha/Itália/Inglaterra. O poder sai da Europa, vai para os Estados Unidos e daí para a URSS. Inicia-se, assim, um período de tensão. Depois vem a crise dos anos 1970 – choque do petróleo, regimes totalitários no Ocidente, principalmente na América Latina, guerra do Vietnã, descoberta dos limites ecológicos do desenvolvimento, alargamento do abismo Norte-Sul e outras realidades mais recentes que poderíamos considerar, como a queda do Muro de Berlim, a queda do Socialismo, as frustrações pelos acordos de paz não alcançados nas guerras recentes no Oriente Médio, os contínuos embates entre Palestina e Israel, a luta pela democracia em vários países onde governos persistiam por muitos anos, entre outros acontecimentos que levam a sociedade à frustração. Mas poderíamos, também, levantar a seguinte questão: será que a queda de um sistema legitima automaticamente o outro, como o protótipo?

Pois bem, tudo isso coloca a ideia de progresso e o valor universal da razão humana em xeque. Pois a razão não transforma o indivíduo e a sociedade, portanto, vem o descrédito. Cresce, então, a expectativa de se criar uma nova sociedade. Nessa expectativa, criam-se mitos de eternidade, principalmente, através dos meios de comunicação social: felicidade, eternidade, juventude. A época moderna é a luta da razão. Ela não terminou, obviamente. Mas é preciso que avancemos na reflexão de outros aspectos, como nos propõe o filósofo alemão Habermas (apud CARDOSO, 2012), em outras palavras, que desenvolvamos uma razão comunicativa. É a consideração de que o mundo vivido está ao lado do mundo das normas, que está ao lado de um mundo social sistêmico. As normas fazem relação entre o mundo vivido e o mundo sistêmico. Daí que, na ação comunicativa, entra a questão do sujeito como ator, detentor. Hoje, o indivíduo é mais um parceiro do processo, mas não é sujeito.

É a "frustração" das promessas feitas pela modernidade, colocando toda a confiança na capacidade ilimitada da razão humana, proposta como referencial para um modelo devido. Em outras palavras, a razão humana seria capaz de conduzir o ser humano ao progresso e, através dele, à felicidade. Mas a secularização traz as suas consequências. Havia-se imposto maciçamente um modo de pensar e de viver sem a referência a Deus.

Bruno Forte, teólogo italiano, descreve a época pós-moderna através da metáfora da noite. Enquanto a época moderna foi caracterizada pela metáfora da luz (Iluminismo), como a razão que explica, ilumina tudo, o tempo que segue à crise das ideologias, à crise das grandes "promessas", foi deixado sem resposta... Então, a nossa época é uma época de "frustração", de solidão. E a reflexão do teólogo continua descrevendo que a razão pós-moderna nos deixa na solidão; não existem mais as grandes histórias que nos irmanam, que nos fazem sentir-nos próximos:

> alguém disse que a nossa sociedade se tornou multidão de solidão – cada um permanece fechado no seu particular, no seu cálculo; cada um vive o imediato e constrói máscaras atrás das quais esconde o senso do vazio (FORTE apud PUNTEL, 2005, p. 103).

Justamente neste contexto entra outro elemento muito importante na análise da temática: uma vez que se percebe que a razão não transforma os indivíduos, a sociedade se revolta, e nela (na sociedade) entra o descrédito. É o fim das ideologias. Nasce, porém, a grande ideologia do nosso tempo: o *consumismo urbano*. O consumismo satisfaz. As carências são pouco percebidas. A sociedade se torna, assim, uma articulação de interesses. Cria-se a expectativa de uma nova sociedade. Mas onde está a nova sociedade? Apresentam-se, então, os mitos da eternidade, da felicidade, da juventude. Além disso, perde-se o senso de tudo. Por quê? Porque não existe mais razão social para lutar, não existe mais a luta pelas ideologias. A luta se torna uma luta pela existência. O vazio de sentido da vida cresce sempre mais. Entram aqui, então, os meios de comunicação não como os substitutos de valores, mas como aqueles que preenchem o vazio.

Vejamos:

- *"Des-referenciação" do ser:* neste contexto, as últimas décadas vêm marcadas pela des-referenciação do real. Des-substancialização do ser (SOUSA, 2001). A pessoa é uma parte do processo, não o "sujeito". Em outras palavras, entra em cena o "mundo sistêmico"; tudo gira em torno de uma "função" ou da "função dos sistemas". Torna-se sempre mais difícil conjugar o "mundo vivido" (família, relações) e o mundo sistêmico. E assim a luta pela "sobrevivência" e o individualismo se afirmam. É a ideologia do "por si mesmo" que ganha espaço ("Você precisa cuidar de si mesmo, porque a sociedade, o Estado não se interessam por você!"). Outro aspecto dessa "des-referenciação do real" é a questão da realidade virtual – na verdade um paradoxo, porque real significa alguma coisa que tem existência efetiva, contrário ao ideal, ilusório e imaginário. E virtual significa a potencialidade de produzir um determinado efeito, isto é, cria-se uma "realidade artificial" simulada. Então não é realidade. Ou é? Daí a questão: "Eu sou aquilo que realmente sou, ou aquilo que penso que sou!".

- *Efêmero, processo de contínua fragmentação:* o pós-moderno é marcado pelo *efêmero*, pelo *fragmentário*. Segundo alguns autores, como, por exemplo, David Harvey, o fato mais espantoso sobre o pós-modernismo é sua total aceitação do efêmero, do fragmentário, do descontínuo e do caótico. Como afirma o autor (1998, p. 49), "o pós-modernismo nada nas fragmentárias e caóticas correntes da mudança". A percepção da sociedade é desprovida de qualquer historicidade, não interessando mais nem o passado, nem o futuro, só o presente.

- *O espaço e o tempo*: trata-se de uma característica muito importante a ser considerada na pós-modernidade. Todos sabemos que o espaço e o tempo são categorias básicas da existência humana. Mas raramente falamos no seu sentido. Entretanto, o espaço e o tempo passam por uma deslocação na compreensão do seu sentido. Não se trata mais de registrar a passagem do tempo em segundos, minutos, horas, dias, meses, anos, décadas, séculos, como se tudo estivesse numa escada temporal objetiva. No pós-moderno, espaço passa a ter "uma representação que compreende todos os signos e significações" (HARVEY, 1998, p. 189). Daí que os espaços de representação são invenções mentais (códigos, signos, paisagens imaginárias e até construções materiais como espaços simbólicos, pinturas, museus) que imaginam novos sentidos ou possibilidades para práticas espaciais. Três dimensões passam a operar: o vivido, o percebido e o imaginado. Daí que o vivido, o imaginado, o percebido é o *aqui e agora* (HARVEY, 1998, p. 202).
- *Cibercultura, ciberespaço*: esta é a cultura digital que estamos vivendo na sociedade contemporânea, e cuja temática será desenvolvida no próximo capítulo.

Concluímos, assim, uma leitura rápida sobre a sociedade da "modernidade" e da "pós-modernidade" como cenário que oferece e justifica a busca crescente por uma evangelização, por parte da Igreja, para realizar o diálogo entre fé e cultura. E para que a evangelização se realize, é necessário compreender, na trajetória da relação Igreja/comunicação, o significado de evangelização.

Em busca de uma definição conceitual: o significado de evangelização e nova evangelização

Frequentemente, e de todos os lados, surge a pergunta: por que a Igreja se interessa tanto pela comunicação? A resposta parece ser óbvia: por causa da evangelização. Mas o que é evangelização? Onde ela deve se realizar? O breve "pano de fundo" que explicitamos anteriormente diz respeito a como a sociedade se move, caminha e aspira. É nesse contexto, especialmente de pós-modernidade, que a evangelização deve se desenvolver.

Vamos, então, em busca de uma definição conceitual de evangelização.

O que é evangelização?

Embora, com as mais variadas formas, palavras e testemunhos, o ensinamento da Igreja tenha expressado, no passado, o que significa "evangelização", é a partir do Sínodo dos Bispos de 1974 (Terceira Assembleia Geral Ordinária), dedicado ao tema "A evangelização no mundo moderno", que o Papa Paulo VI recolheu os resultados da Assembleia e escreveu a Exortação Apostólica *Evangelii Nuntiandi* sobre a evangelização no mundo contemporâneo, publicada em 1975. O documento conferiu um notável dinamismo à ação evangelizadora da Igreja nas décadas seguintes, acompanhada por uma autêntica promoção humana. É preciso enfatizar que o documento, apesar de sua data (1975), é algo extraordinário. Trata-se da tipologia do documento, uma maneira de fazer documentos que "não envelhece" e contém implícita a "abertura" necessária para dialogar com a sociedade em todos os tempos, colocando-se "dentro" dela (da sociedade) como o fez Jesus. De fato, é nas palavras do Papa Paulo VI que se encontra o ponto de partida para o núcleo de nosso enfoque. Ele diz no n. 20: " A ruptura entre o Evangelho e a cultura é sem dúvida o drama da nossa época [...]".[3]

Baseado sempre no *Evangelii Nuntiandi*, o sentido profundo de evangelização encontra-se centrado em Jesus Cristo. Ele afirma de si mesmo: "Eu devo anunciar a Boa-Nova do Reino de Deus", uma frase que define a missão de Jesus: "Para isso é que fui enviado" (Lc 4,43). E

---

[3] A palavra "Evangelho", τὸ εὐαγγέλιον, é usada desde os tempos da Igreja primitiva. São Paulo muitas vezes a utiliza para descrever a pregação do Evangelho que Deus lhe confiou (cf. 1Ts 2,4), "no meio de tantas lutas" (1Ts 2,2), e toda a nova economia da salvação (cf. 1Ts 1,5ss; Gl 1,6-9ss). O termo Evangelho é usado, para além de Marcos (cf. Mc 1,14.15; 8,35; 10,29; 13,10; 14,9; 16,15), também pelo evangelista Mateus, muitas vezes na específica combinação de "o Evangelho do Reino" (Mt 9,35; 24,14; cf. 26,13). São Paulo utiliza, do mesmo modo, o termo evangelizar (εὐαγγελίσασθαι, cf. 2Cor 10,16), que se encontra igualmente nos Atos dos Apóstolos (cf. particularmente At 8,4.12.25.35.40), e cuja utilização conheceu um notável desenvolvimento na história da Igreja (Mons. Nikola Eterović [Secretário-Geral]. Prefácio. *Lineamenta* para a XIII Assembleia Geral Ordinária, com o tema "A nova evangelização para a transmissão da fé cristã", 02/2011).

ainda, Jesus aplica a si próprio as palavras do profeta Isaías: "O Espírito do Senhor está sobre mim, porque me conferiu a unção; me enviou a anunciar a Boa-Nova aos pobres" (Lc 4,18; cf. Is 61,1). Este profundo significado da missão de Jesus, de que o próprio Jesus foi o primeiro e o maior dos evangelizadores, foi lembrado muitas vezes pelos padres sinodais.

Evangelizar foi um imperativo para Jesus. Mas qual foi o seu significado?

Em síntese,

> como evangelizador, Cristo anuncia em primeiro lugar um Reino, o Reino de Deus, de tal maneira importante que, em comparação com ele, tudo o mais passa a ser "o resto", que é "dado por acréscimo" (EN 16). Só o Reino, por conseguinte, é absoluto, e faz com que se torne relativo tudo o mais que não se identifica com ele (EN 8).

Como centro dessa Boa-Nova, está a salvação que Jesus anuncia, como libertação de tudo o que oprime a pessoa e que a liberta do pecado, do mal. E como é que Jesus proclama o Reino de Deus? Antes de tudo por meio da *pregação* infatigável; por isso, encontramos no Evangelho expressões como "Jamais alguém falou como este homem" (Jo 7,46). Mas Jesus realiza essa proclamação também com sinais, que levam a ele multidões que querem ver, tocar, escutar e deixar-se transformar por ele. É só ler com atenção, nos Evangelhos, os sinais que Jesus realiza.

A missão de Jesus, porém, é continuada pela comunidade que ele formou, quando vivia nesta terra, com seus discípulos. Para eles, Jesus diz: "Ide, pregai a Boa-Nova a toda criatura". Assim nasce para a Igreja, e para todos os cristãos, o dever de anunciar a Boa-Nova a todos. O número 14 da EN reproduz uma expressão singular e profunda da Declaração dos Bispos Sinodais, n. 4): "Nós queremos confirmar, uma vez mais ainda, que a tarefa de evangelizar todos os homens constitui a missão essencial da Igreja".

De fato,

> evangelizar constitui a graça e a vocação própria da Igreja, a sua mais profunda identidade (EN 14). Importante considerar que a Igreja nasce da ação evangelizadora de Jesus e dos doze (cf. EN 15). Ela é a continuadora da missão de Jesus no mundo e fica aí como um sinal de uma nova presença de Jesus, "sacramento da sua partida e da sua permanência" (15).

Conforme consta no *Lineamenta*, "Enquanto existe, a Igreja deve anunciar o Evangelho da vinda do Reino de Deus, o ensinamento do seu Mestre e Senhor e, sobretudo, a pessoa de Jesus Cristo".

Não poderia haver melhor definição de evangelização do que aquela que encontramos no próprio documento *Evangelii Nuntiandi*, quando, ao olhar para o seu Mestre, Jesus Cristo, quer ser um sinal que aponte para a salvação que reside em Cristo, aquele que veio "restaurar e renovar" a humanidade:

> Evangelizar, para a Igreja, é levar a Boa-Nova a todas as parcelas da humanidade, em qualquer meio e latitude, e pelo seu influxo transformá-las a partir de dentro e tornar nova a própria humanidade: "Eis que faço de novo todas as coisas". No entanto não haverá humanidade nova, se não houver em primeiro lugar homens novos, pela novidade do Batismo e da vida segundo o Evangelho. A finalidade da evangelização, portanto, é precisamente esta mudança interior; e se fosse necessário traduzir isso em breves termos, o mais exato seria dizer que a Igreja evangeliza quando, unicamente firmada na potência divina da mensagem que proclama, ela procura converter ao mesmo tempo a consciência pessoal e coletiva dos homens, a atividade em que eles se aplicam, e a vida e o meio concreto que lhes são próprios (EN 18).

Querendo compreender sempre mais a humanidade, ou o ser humano que compõe a sociedade, a Igreja, na continuidade da missão de Jesus, se retoma no *aggiornamento*, proposto pelo Concílio Vaticano II, e tem claro que evangelizar não se reduz a pregar o Evangelho pensando em "espaços geográficos cada vez mais vastos ou populações maiores em dimensões de massa" (EN 19), mas a verdadeira preocupação é a de

> chegar a atingir e como que a modificar pela força do Evangelho os critérios de julgar, os valores que contam, os centros de interesse, as linhas de pensamento, as fontes inspiradoras e os modelos de vida da humanidade, que se apresentam em contraste com a Palavra de Deus e com o desígnio de salvação (EN 19).

No que diz respeito à comunicação, a *Evangelii Nuntiandi* é explícita no seu n. 45, que já se tornou emblemático e citado em muitas ocasiões de cursos sobre o elemento comunicação na evangelização. Trata-se de uma assertiva da Igreja, nos passos do Concílio Vaticano II: "A Igreja viria a sentir-se culpável diante do seu Senhor, se ela não lançasse mão destes meios potentes que a inteligência humana torna cada dia mais aperfeiçoados". E continua afirmando que "é servindo-se deles que ela 'proclama sobre os telhados' a mensagem de que é depositária". Isso porque é nos meios de comunicação que a Igreja "encontra uma versão moderna e eficaz do púlpito. Graças a eles consegue falar às multidões". Assim, o anúncio, a catequese e mesmo o aprofundamento ulterior da fé não podem deixar prescindir do valioso auxílio que os meios de comunicação apresentam.

Entretanto, juntamente com o benefício que os meios de comunicação social podem propiciar, com referência à evangelização, a Igreja adverte para a exigência da mensagem evangélica que, além de chegar às multidões, é preciso que penetre nas consciências de cada uma das pessoas, que habite os seus corações, "como se cada um fosse de fato o único, com tudo aquilo que tem de mais singular e pessoal" (EN 45). Agindo dessa forma, a mensagem evangélica obterá uma adesão e compromisso por parte do receptor.

A "nova evangelização"

O esforço da Igreja para levar adiante o projeto do diálogo entre fé e cultura (fio condutor desta obra) a conduziu para novos olhares sobre as necessidades das pessoas, na sociedade atual. Daí nasceu a urgência para uma nova evangelização. É importante lembrar que a evangelização é, em síntese, o anúncio da Boa-Nova, ou seja, do Evangelho.

A expressão "nova evangelização" aparece como uma intuição de João Paulo II no discurso à XIX Assembleia Plenária da CELAM, no Haiti, em 1983. Neste país, o mais pobre da América Latina e no qual se iniciou a evangelização há 500 anos, o Papa se expressou:

> A comemoração de meio milênio de evangelização terá o seu significado pleno se for compromisso vosso como bispos, juntamente com o vosso presbitério e fiéis: compromisso não de reevangelização, mas de uma nova evangelização. Nova no seu ardor, nos seus métodos, na sua expressão (BARBOSA, 2005).

O Papa João Paulo II utilizou pela primeira vez esta expressão "nova evangelização" numa homilia pronunciada a 9 de junho de 1979, na Polônia, por ocasião da celebração do primeiro milênio do cristianismo, na Polônia.

Sempre insistindo na "nova evangelização", João Paulo II apresentou, em outubro de 1984, em Santo Domingo, um discurso programático, insistindo nos desafios, nas tentações e nas esperanças de uma nova evangelização. Assim se expressa o Papa:

> O próximo centenário dos descobrimentos e da primeira evangelização convoca-nos, pois, a uma nova evangelização da América Latina, que explode com mais vigor, como a das origens: um potencial de santidade, um grande impulso missionário, uma vasta criatividade catequética, uma manifestação fecunda de colegialidade e de comunhão, um combate evangélico de dignificação do homem, para gerar um grande futuro de esperança. Este tem um nome: A Civilização do Amor. Este nome é uma enorme tarefa e responsabilidade (BARBOSA, 1994, p. 114).

A expressão "Civilização do Amor" de João Paulo II foi, também, interpretada em algumas localidades como algo que poderia vir a ser um projeto de restauração, talvez uma nova cristandade, como relata Barbosa (2005).

Entretanto, a novidade que João Paulo II apresentava com a expressão "nova evangelização" se resume em:

- *Nova no seu ardor*: o que implica entusiasmo, convicção, redescoberta da identidade pessoal, alegria de pertença, nova capacidade de comunicação e de diálogo. Mais do que ideal do desejo, é possibilidade de realização.
- *Nova nos seus métodos*: supõe a disposição de rever as instituições mediadoras de evangelização, as estruturas pastorais, os métodos concretos pelos quais evangeliza, os símbolos, os sinais, a linguagem e a comunicação.
- *Nova nas suas expressões*: expressões novas no que se refere aos conteúdos que se proclamam, a linguagem com que se proclama e as categorias com que se transmite.

Ainda segundo o autor, a "nova evangelização", no pensamento do Papa, consiste em fazer que o Evangelho seja anunciado como mensagem que salva e que, portanto, dê respostas aos desafios de cada época. Assim, é preciso que a mensagem evangélica leve em consideração o contexto sociocultural e religioso da sociedade contemporânea.

> A evangelização é ainda nova, porque o mundo, a cultura e o homem a quem se dirige têm uma visão das coisas, uma atitude ante Deus e os demais que é nova. A evangelização é nova também, porque põe o acento na evangelização dos pobres, na cultura da solidariedade e na civilização do amor. É nova ainda porque respeita as culturas e dá prioridade à inculturação (BARBOSA, 2005).

Essas são as características principais do que significa "nova evangelização" no pronunciamento de João Paulo II: vivência e prática cristã, de onde nasce o testemunho. A inculturação deve ser levada em conta, pois trata-se de um compromisso com o ser humano, a quem Jesus veio salvar.

Quando João Paulo II falou de nova evangelização, citou o dever de anunciar a Boa-Nova também nos lugares e situações (areópagos da sociedade moderna) mais difíceis. Entre eles, enumerou *o mundo das comunicações*, que está unificando a humanidade, transformando-a em aldeia global. Estes meios alcançam tal importância que, para muitos, são o principal instrumento de informação e formação, de guia e inspiração dos comportamentos individuais, familiares e sociais.

No decorrer do seu Pontificado, muitas vezes, João Paulo II insistiu em novos métodos, novo ardor, novas abordagens para transmitir a fé, sempre levando em consideração o mundo das comunicações.

Sintetizando a preocupação e os sentimentos de João Paulo II, vale a pena lembrar, uma vez mais, o significado profundo da definição de "nova evangelização" e o apelo contido nela. É o próprio Papa que se expressa:

> Ao longo destes anos, muitas vezes repeti o apelo à nova evangelização; e faço-o agora uma vez mais para inculcar sobretudo que é preciso reacender em nós o zelo das origens, deixando-nos invadir pelo ardor da pregação apostólica que se seguiu ao Pentecostes. Devemos reviver em nós o sentimento ardente de Paulo que o levava a exclamar: "Ai de mim se não evangelizar!" (1Cor 9,16). Esta paixão não deixará de suscitar na Igreja uma nova missionariedade, que não poderá ser delegada a um grupo de "especialistas", mas deverá corresponsabilizar todos os membros do povo de Deus. Quem verdadeiramente encontrou Cristo, não pode guardá-lo para si; tem de o anunciar. É preciso um novo ímpeto apostólico, vivido como compromisso diário das comunidades e grupos cristãos (*Novo Millenio Ineunte*, 2001).

Na proposta desta obra, fica, então, indispensável perceber o esforço de *aggiornamento* que a Igreja faz para dialogar com a sociedade, hoje. Tanto assim que, dentro deste contexto, e no mesmo caminho, Bento XVI convocou a XIII Assembleia Geral Ordinária dos bispos (Sínodo dos Bispos), para outubro de 2012, com o seguinte tema: "A nova evangelização para a transmissão da fé cristã". E já na *Lineamenta*, em seus primeiros números, a Igreja, num caminho progressivo de atualização, quer compreender o funcionamento dinâmico confiado ao conceito de "nova evangelização". E diz:

> recorre-se a ele para indicar o esforço de renovação que a Igreja é chamada a fazer para estar à altura dos desafios que o contexto social e cultural de hoje

coloca à fé cristã, ao seu anúncio e ao seu testemunho, como consequência das profundas mudanças em curso (*Lineamenta*, n. 5).

Do que se depreende do documento em preparação aos Sínodos dos Bispos (2012), há um esforço hercúleo por parte da Igreja para compreender a nova evangelização como uma atitude, um estilo audaz:

> É a capacidade do cristianismo de saber ler e decifrar os novos cenários que nestas últimas décadas se têm vindo a criar na história da humanidade, para os habitar e transformar em lugares de testemunho e de anúncio do Evangelho (*Lineamenta*, n. 6).

E quais seriam esses cenários?

Ele foram identificados, analisados e descritos diversas vezes, pois são cenários sociais, culturais, econômicos, políticos, religiosos. O cenário que a Igreja indica é o de fundo cultural, onde se vive uma época de profunda secularização, "que perdeu a capacidade de ouvir e compreender as palavras do Evangelho como uma mensagem viva e revigorante" (n. 6). Enfatiza o documento que "a secularização assumiu, sobretudo, certo tom resignado" (n. 6) que permitiu a essa forma cultural invadir o cotidiano das pessoas e desenvolver uma mentalidade na qual Deus foi posto à parte. Ao mesmo tempo, em várias regiões do mundo, percebe-se um renascimento religioso. É verdade que muitos aspectos positivos da redescoberta de Deus e do sagrado, em várias religiões, são obscurecidos pelo fenômeno do fundamentalismo. Há sempre o risco de manipular a religião para justificar a violência e até mesmo o terrorismo.

Como novos cenários que desafiam a evangelização, hoje, há também um cenário social:

> [...] o grande fenômeno migratório que força cada vez mais as pessoas a deixarem o seu país de origem e a viverem em ambientes urbanizados, modificando a geografia étnica das nossas cidades, das nossas nações e dos nossos continentes. Deste fato deriva um encontro e a mistura das culturas que as nossas sociedades não conheciam desde há muitos séculos. Estão a acontecer formas de contaminação e de erosão das referências fundamentais da vida, dos valores pelos quais se dava a vida, das próprias ligações através dos quais os indivíduos estruturam as suas identidades e acedem ao sentido da vida. O resultado cultural destes processos é um clima de extrema fluidez e "liquidez" em que há cada vez menos espaço para as grandes tradições, inclusivamente aquelas religiosas, e a sua missão de estruturar de modo objetivo o sentido da história e da identidade dos sujeitos. A este cenário social está ligado aquele fenômeno que se conhece pelo termo de

globalização, realidade que não é fácil de decifrar, e que requer, por parte dos cristãos, um forte trabalho de discernimento (*Lineamenta*, n. 6).

Um ponto que nos interessa, sobretudo, neste enfoque de evangelização na área da comunicação é o cenário que vai marcando a vida das pessoas e a consciência coletiva. É o desafio dos meios de comunicação social. A Igreja mostra-se consciente de que a nova evangelização deve compreender a cultura da comunicação. Fenômeno, inicialmente, característico apenas do mundo industrializado, hoje, é um fenômeno planetário:

> Não há lugar no mundo de hoje que não possa ser alcançado e, por isso, não estar sujeito à influência da cultura midiática e digital, que progressivamente se estrutura como o "lugar" da vida pública e da experiência social (*Lineamenta*, n. 6).

Sem dúvida, "a difusão desta cultura traz consigo indubitáveis vantagens: maior acesso à informação, maior possibilidade de conhecimento, de partilha, de formas novas de solidariedade, de capacidade de construir uma cultura sempre mais global" (n. 6).

Entretanto, a reflexão da Igreja e que deve estar presente na nova evangelização é que:

> Esse potencial não pode esconder os riscos que uma excessiva difusão de uma cultura deste tipo está já gerando. Manifesta-se uma profunda concentração egocêntrica sobre si e apenas sobre as suas necessidades individuais. Afirma-se uma exaltação da dimensão emotiva na estruturação das relações e dos laços sociais. Assiste-se à perda do valor objetivo da experiência da reflexão e do pensamento, reduzida, em muitos casos, a puro lugar de confirmação do próprio sentir. Espalha-se uma progressiva alienação da dimensão ética e política da vida, reduzindo a alteridade ao papel funcional de espelho e espectador das minhas ações. O último ponto ao qual podem levar estes riscos é aquilo a que se chamou a cultura do efêmero, do imediato, da aparência, ou seja, de uma sociedade incapaz de memória e do futuro. Neste contexto, a nova evangelização pede aos cristãos a coragem de habitar esses "novos areópagos", encontrando os instrumentos e os percursos para tornar audível também nesses lugares ultramodernos o patrimônio educativo e de sabedoria preservada pela tradição cristã.[4]

---

[4] Cf. Bento XVI. *Mensagem para o Dia Mundial das Comunicações Sociais*. 24 de janeiro de 2010.

Entre os desafios que marcam, com as suas mudanças, a atividade evangelizadora da Igreja na sociedade contemporânea, e tido como quarto cenário, está a economia. A continuação da crise econômica em que nos encontramos assinala o problema do uso das forças materiais, que sente dificuldades em encontrar as regras de um mercado mundial capaz de tutelar uma convivência mais justa.[5]

Um quinto cenário, apontado como desafio para a nova evangelização, é o da investigação científica e tecnológica. Consta na *Lineamenta* que todos podemos sentir na vida diária os benefícios trazidos por estes progressos. Mas com frequência nos sentimos dependentes desses benefícios.

> A ciência e a tecnologia correm, assim, o risco de se tornarem os novos ídolos do presente. Num contexto digital e globalizado como o nosso é fácil que a ciência se torne a nova religião, reenviando para ela as questões da verdade e da procura de sentido (*Lineamenta*, n. 6).

Assim, apresentam-se novas formas de gnosticismo, que encaram a técnica como uma forma de sabedoria, na busca de uma organização mágica da vida que funcione como saber e como sentido.

Juntamente com os demais desafios que compõem o cenário de fundo onde a nova evangelização necessita considerar, analisar e penetrar com a luz do Evangelho, está o cenário político. Neste cenário, onde se enfatiza o compromisso pela paz, entre as nações, o desenvolvimento e a libertação dos povos, a melhoria das formas de governo mundial e nacional, a construção de formas possíveis de escuta, convivência, diálogo e cooperação entre diferentes culturas e religiões, a defesa dos direitos humanos e dos povos, especialmente das minorias, a promoção dos mais fracos, a salvaguarda da criação e o compromisso com o futuro do nosso planeta, são temas e áreas que carecem ser iluminados pela luz do Evangelho (*Lineamenta*, n. 6).

---

[5] Cf. Bento XVI, Carta encíclica *Caritas in veritate*, 29 de junho de 2009, citado em *Lineamenta*, n. 6.

Principais documentos da Igreja: comunicação, no seu caminho de diálogo com a sociedade

Consideramos até aqui, com certa abundância, os esforços extraordinários da Igreja em relação à comunicação, a partir do Concílio Vaticano II (1963-1965), para realizar uma evangelização que leve em conta o cenário das tecnologias da comunicação, sejam as velhas como as novas, na sua evolução e incidência, como articuladoras das mudanças sociais, como afirma o Documento de Aparecida (n. 484).

É importante, entretanto, que se conheçam os documentos da Igreja sobre a comunicação, especialmente na sua essencialidade, e se perceba a evolução do pensamento da Igreja a respeito da comunicação, na tentativa de estabelecer um diálogo entre a fé e a cultura.

Instrução Pastoral: *Communio et Progressio*

Promulgada durante o pontificado de Paulo VI a 23 de maio de 1971, pelo Pontifício Conselho para as Comunicações, a instrução pastoral *Communio et Progressio* (Comunhão e Progresso) representa, sem dúvida alguma, o mais avançado documento da Igreja referente às comunicações para a época em que foi publicado. Trata-se de uma resposta pastoral ao decreto *Inter Mirifica* (1963) do Vaticano II, contém 187 artigos e distingue-se do decreto *Inter Mirifica* particularmente por seu estilo (lembramos que o *Inter Mirifica* continha apenas 24 artigos).

A Instrução caracteriza-se, antes de tudo, pela abertura que marcou os documentos do concílio e a evolução das mentalidades nos anos seguintes. É relevante por seu tom e pelo desenvolvimento dos caminhos segundo os quais a ação pastoral deve utilizar os meios de comunicação: a esperança e o otimismo são dominantes e o caráter moralizador e dogmático desaparece. O texto retorna às grandes convicções do *Inter Mirifica* em relação à mídia, completando-se e apresentando-se de uma forma mais coerente e compreensível. Uma segunda característica do documento é o fato de que ausculta a sociedade contemporânea, levantando questões sobre a presença das tecnologias da comunicação no mundo circundante: "... a Igreja deve saber como reagem os nossos contemporâneos, católicos ou não, aos acontecimentos e correntes de pensamento atual" (CP 122).

O documento traz ainda uma terceira característica: é que ele considera as peculiaridades de cada veículo de comunicação, inclusive o teatro. Leva em conta a situação psicossocial dos usuários na elaboração de projeto de comunicação para a Igreja, pois "todos esses fatores exigem, por parte da pastoral, uma atenta consideração" (CP 162) e o povo deve ser atendido por um "pessoal bem preparado" (CP 164). Finalmente, a *Communio et Progressio* afirma que a comunicação social é um elemento que articula qualquer atividade da Igreja, reconhecendo a legitimidade da formação da opinião pública dentro dela. O número 119 evidencia tal afirmação:

> Já que é essencial o desenvolvimento da opinião pública na Igreja, cada fiel deve ter a possibilidade de encontrar as condições indispensáveis para poder desempenhar um papel ativo na vida da Igreja. Na prática, isto significa que os fiéis precisam ter acesso aos meios de comunicação social.

A estrutura da *Communio et Progressio* contempla e baseia a sua primeira parte na doutrina. Com o título "Os meios de comunicação social na perspectiva cristã: elementos doutrinais", o documento apresenta elementos doutrinais que não aparecem no texto precedente e expõe a estrutura conceitual com que aborda a mídia. Em outras palavras, evidencia temas teológicos para justificar o dever e o direito de a Igreja utilizar-se dos meios de comunicação. O princípio primordial apontado é que "estes meios técnicos têm como finalidade ideal... estreitar os laços de união entre homens e as mulheres" (CP 6), pois "a comunhão e o progresso da convivência humana são considerados os fins primordiais da comunicação social e dos meios que emprega" (CP 1). A Igreja vê assim, no desenvolvimento da mídia, a resposta para o "preceito de Deus: 'Possuí e dominai a terra'" (CP 7). Portanto, na visão da Igreja, seria um "ato de cooperação" na "criação e conservação" do mundo (CP 7).

A abordagem da segunda parte, "Os meios de comunicação social como fatores do progresso humano", versa sobre a ação dos meios de comunicação na sociedade humana. São indicadas aí as melhores condições para o bom uso dos meios de comunicação, de acordo com a finalidade expressa na primeira parte doutrinal. O papel dos meios de comunicação, segundo a instrução, é suscitar entre os homens e as mulheres a união e "abater as barreiras que o espaço e o tempo levantaram entre eles" (CP 20). Para atingir esta meta, a Igreja assinala a importância da opinião pública: "Os meios de comunicação são uma espécie de praça pública, onde homens e mulheres trocam impressões espontaneamente" (CP 24). O documento também reforça o direito de ser informado e de informar (CP 33), dizendo que os meios de comunicação deveriam ser instrumentos para a educação, a cultura e o lazer (CP 48-53). Com a finalidade de conseguir as condições ideais para a ação da mídia na sociedade, a instrução lembra "a importância do fator humano" (CP 63), recomendando a capacitação de "comunicadores e de ouvintes, ou espectadores" (CP 63) e a cooperação entre os cidadãos e as autoridades (CP 84ss).

Uma terceira parte do documento, "Empenho dos católicos no campo dos meios de comunicação", trata do "contributo especial, prestado pelo espírito cristão e católico, para que os meios de comunicação participem do progresso da humanidade" (CP 101). Esta parte preocupa-se com o papel dos meios de comunicação na vida dos católicos e trata principalmente da contribuição destes para a comunicação social. É sempre importante lembrar, no entanto, que o documento reconhece que nenhuma contribuição será efetiva se não houver capacitação suficiente e permanente.

É também nesta seção que aparecem temas como a opinião pública e o diálogo, no seio da própria Igreja: a Igreja "necessita, como corpo vivo, de uma opinião pública para alimentar o diálogo entre seus membros, condição do progresso no seu pensamento e ação" (CP 115). Mais amplamente, o documento considera a necessidade de diálogo entre a Igreja e o mundo: "o diálogo da Igreja ocorre não só no seu âmbito, entre os fiéis, mas com todos os homens e todas as mulheres" (CP 122). Finalmente, a terceira parte da *Communio et Progressio* propõe uma estrutura pastoral adequada e a formação de organizações que desenvolverão trabalhos específicos com os meios de comunicação, na medida em que a Igreja reafirma que "os modernos recursos técnicos se revelam, hoje em dia, indispensáveis à propagação do Evangelho" (CP 163).

Já concluindo, a *Communio et Progressio* admite que o documento indica apenas algumas linhas gerais de ação, "uma vez que a atual situação da comunicação social não permite descer a muitos pormenores" (CP 183). Por isso, a instrução preferiu fundamentar suas considerações em "alguns princípios imutáveis", baseados na mensagem do amor (...) e na dignidade do homem e da mulher" (CP 183).

Sem dúvida, a *Communio et Progressio* vai além do decreto *Inter Mirifica*, colocando-se em outra posição: a mídia não é mais vista como um perigo, mas como força benéfica. E também foge de um discurso moralista, atenuando a maneira dogmática de abordar a mídia e criando condições e espaços para levar em consideração as diferentes tendências da sociedade moderna. No entanto, mesmo que a *Communio et Progressio* represente um avanço positivo, o documento apresenta também várias ambiguidades. Por exemplo, o documento afirma:

> Ninguém duvida de que, em muitos setores da vida moderna, se verificou uma decadência moral (...). É fácil ver sinais desta decadência em todos os meios de comunicação social: mas que culpa tiveram eles concretamente nesse processo? (...) De qualquer forma, não se lhes pode exigir que deixem de manifestar a vida e os costumes da sociedade atual (CP 22).

É preciso considerar, também, dentro de uma análise mais acurada, que o documento louva a ideia do progresso tecnológico, mas perpassado de idealismo. O texto trata da mídia como se ela fosse destinada a desenvolver-se numa sociedade na qual não há tensão interna. Os sete anos empregados na preparação do documento não foram suficientes, na verdade, para que a Igreja, em suas várias instâncias, descobrisse a íntima relação entre comunicação social e política: a comissão não conseguiu alcançar os aspectos políticos da mídia. Nota-se que o documento trata da comunicação sem referir-se à sua dimensão política e econômica. A este respeito, pode-se questionar como a Igreja pôde atribuir uma função social aos instrumentos de comunicação, para promoverem a "comunhão" e o "progresso", sem discutir o fato de que esta mídia implicada é conduzida, e por vezes totalmente controlada e denominada, pelo sistema econômico e político. Assim, ignorando a dimensão política e econômica dos meios de comunicação de massa, a instrução apela para um senso idílico de igualdade que não existe. Vejamos:

> Os modernos meios de comunicação reúnem os homens de nosso tempo, como em uma mesa-redonda, para convívio fraterno e a ação comum. (...) A torrente de informação e opinião, assim movimentada, faz de cada homem um participante do drama, dos problemas e dificuldades do gênero humano; essa participação cria, por sua vez, as condições necessárias para a compreensão mútua, que conduz ao progresso de todos (CP 19).

Redemptoris Missio: uma "reviravolta" no pensamento da Igreja sobre comunicação

A Carta Encíclica *Redemptoris Missio* não é um documento específico sobre comunicação; é sobre "missão". De fato, a tradução é "Missão do Redentor", escrita pelo Papa João Paulo II e publicada em 1990.

Mas há algo de especial sobre a comunicação, apenas um número do documento, ou melhor, apenas a letra "c" do n. 37. Mas não poderíamos deixar de considerar, entretanto, o fundamental aspecto que constituiu (e constitui) a grande "reviravolta" da reflexão do magistério eclesial em relação ao mundo da comunicação e que consideramos como uma nova *fase da relação Igreja-comunicação*, já presente nos dois últimos documentos que apresentamos. Um estudo mais aprofundado das orientações da Igreja nos leva a perceber que, na história dos documentos e pronunciamentos do magistério, com respeito às comunicações sociais, uma significativa evolução de pensamento começa a tomar corpo.

Qual a novidade? A Igreja começa a expressar-se com mais clareza a respeito do impacto que também os *new media* têm na construção social, tanto que a Igreja passa a refletir sobre a comunicação (e aqui está a novidade!) não mais de forma restrita ou somente como "meios" ou "instrumentos" (isolados) a serem usados ou dos quais precaver-se. Mas ela refere-se a um "ambiente" no qual estamos imersos e do qual participamos. Trata-se de uma cultura. A *cultura midiática*.

Vamos encontrar a iluminante "revolução" de pensamento exatamente quando João Paulo II, ao referir-se aos novos "areópagos" modernos como lugar de evangelização (missão), coloca o mundo da comunicação em primeiro lugar e insiste no novo contexto comunicativo como uma "nova cultura". Vale a pena conferir. Assim afirma o documento:

> O primeiro areópago dos tempos modernos é o mundo das comunicações... Os meios de comunicação social alcançaram tamanha importância que são para muitos o principal instrumento de informação e formação, de guia e inspiração dos comportamentos individuais, familiares e sociais... Talvez se tenha descuidado um pouco deste areópago: deu-se preferência a outros instrumentos para o anúncio evangélico e para a formação, enquanto os *mass media* foram deixados à iniciativa de particulares ou de pequenos grupos, entrando apenas secundariamente na programação pastoral. O uso dos *mass media*, no entanto, não tem somente a finalidade de multiplicar o anúncio do Evangelho: trata-se de um fato muito mais profundo porque a própria evangelização da cultura moderna depende, em grande parte, da sua influência. Não é suficiente, portanto, usá-los para difundir a mensagem cristã e o Magistério da Igreja, mas é necessário integrar a mensagem nesta "nova cultura", criada pelas modernas comunicações. É um problema complexo, pois esta cultura nasce menos dos conteúdos do que do próprio fato de existirem novos modos de comunicar com novas linguagens, novas técnicas, novas atitudes psicológicas... (RM 37, c).

Tal referência do magistério eclesial é sinal de uma "mudança" na compreensão da relação entre Igreja e mídia: não mais desconfiança nem simples lógica instrumental. A Igreja afirma o modo de comunicar de forma inculturada "na" e "pela" "cultura midiática". É uma expressão que carrega um novo conceito seja para o esforço e o estímulo em usar as mídias, seja para disponibilizar cursos de formação para aprender a usar os *new media*.

Trata-se, porém, *de algo mais*, um ir além: depois do período do "uso" (e do desprezo e rejeição por parte de alguns), chegou o momento de adquirir mais profundamente a cultura e a linguagem das mídias. Portanto, a novidade dos últimos documentos da Igreja consiste em compreender as mídias como uma *cultura* dos nossos tempos.

Aetatis Novae – avanços na pastoral[6]

Mesmo que, anualmente, os pontífices venham escrevendo (e ainda o fazem) mensagem específica para o Dia Mundial das Comunicações, que se celebra todos os anos, no domingo da Ascensão, de 1971 a 1992, a Igreja praticamente silenciou em termos de documentos sobre a comunicação. São vinte e um anos, numa época caracterizada por profundas transformações no campo midiático em que assistimos à passagem da era analógica para a era digital. Enfim, por ocasião do vigésimo aniversário da *Communio et Progressio*, em 1992 veio a Instrução Pastoral *Aetatis Novae*, breve se comparada àquele documento, e que sintetiza aspectos e elementos fundamentais no campo da comunicação, fazendo emergir, sobretudo, a necessidade de uma pastoral, seja "da" como "na" comunicação. À luz dos documentos precedentes, *Aetatis Novae* estimula, encoraja, apresenta princípios e perspectivas pastorais, planos para uma eficiente pastoral da comunicação.

O texto não apresenta uma fluidez como a primeira Instrução Pastoral. O documento tem a intenção de refletir sobre as consequências pastorais das revoluções tecnológicas e sobre o fato de que, hoje, "não existe lugar onde não seja sentido o impacto dos *mass media* no compor-

---

[6] Para que se registre devidamente a publicação de documentos oficiais da Igreja sobre a comunicação, em 1989 foi publicado *Pornografia e violência nos meios de comunicação*, como uma resposta pastoral aos crescentes desafios que se apresentam, ligados à questão da comunicação. Neste documento, são tratados, de maneira sistemática e extensa, a pornografia e a violência em todos os meios de comunicação, descrevendo os seus efeitos, as causas e as possíveis soluções. Como se trata de um enfoque único e direcional, somente registramos aqui sua existência.

tamento religioso e moral, nos sistemas políticos e sociais e na educação" (NA, n. 1). Daí a centralidade do documento, retomando, após 21 anos, o pensamento do Magistério, procurando aplicar os documentos conciliares e pós-conciliares às "novas realidades emergentes". Mas, além de trazer um anexo como subsídio para a Pastoral da Comunicação, esse documento dá uma atenção à pastoral com os profissionais dos meios de comunicação, que frequentemente são "expostos a pressões psicológicas e particulares dilemas éticos" (NA, nn. 19, 29, 33).

No sentido de dar continuidade ao pensamento eclesial dos documentos precedentes, e já mencionados nesta Unidade, a *Aetatis Novae* estimula "os pastores e o povo de Deus a aprofundar o sentido de tudo o que diz respeito aos meios de comunicação, e a traduzi-lo em projetos concretos e realizáveis" (n. 3).

Assim se expressa o documento:

> "Longe de propor que a Igreja deveria afastar-se ou isolar-se do interesse por esses acontecimentos, os Padres Conciliares viram a Igreja como presente verdadeiramente no centro do progresso humano, partilhando as experiências do resto da humanidade, procurando entendê-las à luz da fé. O povo de Deus fiel devia fazer um uso criativo das novas descobertas e tecnologias em benefício da humanidade e para o cumprimento do plano de Deus no mundo..." e "um sábio uso do potencial da 'era do computador', para servir a vocação humana e transcendente do homem e para dar assim glória ao Pai, do qual vêm todas as coisas boas" (n. 5).

Numa abordagem sobre o contexto das comunicações sociais, o documento se atém, em sua primeira parte, ao contexto cultural e social, destacando que "a mudança que se dá hoje nas comunicações implica, mais que uma simples revolução técnica, a transformação completa de tudo o que é necessário à humanidade para compreender o mundo que a envolve, e para verificar e expressar a percepção do mesmo" (n. 4).

Sim, realmente a Igreja entende que há uma "revolução" das comunicações. Há, portanto, consequências pastorais, pois podemos recorrer aos meios de comunicação tanto para proclamar o Evangelho como para distanciá-lo do coração das pessoas. Pois o conceito sobre o sentido da vida tem sua influência derivada também dos *mass media*. Assim, se expressa o documento:

> As comunicações têm a capacidade de pesar, não só nos modos de pensar, mas também nos conteúdos do pensamento. Para muitas pessoas, a realidade corresponde ao que os *mass media* definem como tal; o que os *mass media* não

reconhecem explicitamente se torna também insignificante. O silêncio pode assim ser imposto, *de fato*, a indivíduos ou grupos que os *mass media* ignoram; a voz do Evangelho pode, ela também, ser reduzida ao silêncio, sem ficar por isso completamente abafada. É importante, então, que os cristãos sejam capazes de fornecer uma informação que cria notícias, dando a palavra aos que dela são privados (NA, n. 6).

Mais uma abordagem considerável, no documento, é a referência ao contexto político e econômico. A Igreja demonstra conhecer que "as estruturas econômicas das nações estão dependentes dos sistemas de comunicação contemporâneos". Daí a necessidade de o Estado investir numa infraestrutura eficaz de comunicação, desenvolvendo políticas de comunicação que garantam uma comercialização regulamentada e evitem uma manipulação ideológica e política (cf. n. 5).

A segunda parte da *Aetatis Novae* se atém ao papel das comunicações. Assim, o texto discorre sobre os *mass media* a serviço do homem e da cultura (n. 7); os *mass media* a serviço do diálogo com o mundo atual (n. 8); os *mass media* a serviço da comunidade humana e do progresso social (n. 9); os *mass media* a serviço da comunhão eclesial (n. 10); os *mass media* a serviço de uma nova evangelização (n. 11).

Desafios atuais compõem o texto da terceira parte do documento. Entre eles, discorre sobre a necessidade de uma avaliação crítica (n. 12); o desafio de uma solidariedade e desenvolvimento integral (n. 13). Nesse sentido, a Igreja, reconhecendo nos meios de comunicação social "o caminho que hoje se privilegia para a criação e a transmissão da cultura", sente a obrigação de propor uma formação aos profissionais da comunicação e ao público, para que os meios de comunicação sejam considerados com um "sentido crítico, animado da paixão pela verdade". Neste contexto é preciso comprometer-se com a defesa da liberdade, respeito pela dignidade pessoal, desenvolvimento da autêntica cultura dos povos, contrariando toda e qualquer "forma de monopolização e de manipulação" (n. 13). Figuram ainda entre os desafios atuais: políticas e estruturas (n. 14); desafios do direito à informação e às comunicações (n. 15).

Prioridades pastorais e respectivos meios de resposta constituem a quarta parte da instrução. A este respeito a Igreja começa pela defesa das culturas humanas, enfatizando que a onipresença dos meios de comunicação, em hipótese alguma, diminui a importância de outros meios de comunicação, "que permitem às pessoas um empenho e uma participação ativa na produção e concepção da comunicação". Enfatiza, então, que "os meios de comunicação populares e tradicionais não representam unicamente uma encruzilhada importante de expressão da cultura local, mas permitem, também, desenvolver uma competência em relação à criação e uso ativos" no que concerne à comunicação (n. 16).

Ênfase é dada no n. 17 ao desenvolvimento e promoção dos meios de comunicação da Igreja. Assim o documento se expressa:

> O trabalho dos meios de comunicação católicos não é só uma atividade complementar que se vem juntar às outras atividades da Igreja: a comunicação social tem, com efeito, um papel a desempenhar em todos os aspectos da missão da Igreja. Não é suficiente, também, ter um plano pastoral de comunicação, mas é necessário que a comunicação faça parte integrante de todos os planos pastorais, visto que a comunicação tem, *de fato*, um contributo a dar a qualquer outro apostolado, ministério ou programa (n. 17).

A insistência da Igreja sobre a educação para a comunicação faz-se presente de forma contundente, também, neste documento, que dedica, de modo especial, o n. 18 para a *formação dos cristãos responsáveis pela comunicação*, como parte integrante da formação dos agentes pastorais e dos sacerdotes. É necessário que adquiram competência profissional em matéria de *mass media*, assim como uma formação doutrinal e espiritual (n. 18).

Pastoral dos responsáveis da comunicação está entre as prioridades pastorais apontadas pelo documento. Na verdade, isto requer da Igreja grande responsabilidade, isto é, não somente usar os meios de comunicação, mas "é necessário que ela elabore e proponha programas pastorais que respondam exatamente às condições particulares de trabalho e aos desafios éticos, com os quais se defrontam os profissionais da comunicação" (n. 20).

Daí a necessidade de elaborar programas pastorais que comportem uma formação permanente, que ajude as pessoas (principalmente os profissionais de comunicação) a estarem cada vez mais impregnadas de critérios ético-morais, tanto no setor profissional como privativamente (n. 19).

Como última parte, o documento centra sua atenção sobre a *necessidade de uma planificação pastoral*. Firmemente discorre sobre a responsabilidade dos bispos (n. 20); a urgência de um plano pastoral de comunicação – "Recomendamos particularmente que as Dioceses e as Conferências ou assembleias episcopais tomem providências para que a questão dos *mass media* seja abordada nos seus planos pastorais" (n. 21).

Uma das grandes riquezas contidas neste documento é o seu anexo, fornecendo elementos de plano pastoral e sugerindo questões que possam integrar planos pastorais existentes. Tais elementos foram extraídos das propostas de Conferências episcopais ou de profissionais dos *mass media*, e podemos afirmar que, especialmente neste aspecto, a América Latina muito tem contribuído.

As linhas orientadoras para a elaboração de planos pastorais dos meios de comunicação numa Diocese, numa Conferência episcopal (contidas no mencionado Anexo do documento), oferecem aspectos estruturais indispensáveis para elaborar um plano pastoral das comunicações, as linhas diretrizes, objetivos e prioridades realistas para o trabalho de equipe. Duas são as fases aconselhadas para a elaboração de um Plano Pastoral das Comunicações: a fase da Análise e a fase da Planificação.

Na conclusão, o documento reafirma que a Igreja considera os meios de comunicação social como "dons de Deus, na medida em que, segundo a intenção providencial, criam laços de solidariedade entre os homens, pondo-se assim ao serviço da sua vontade salvífica" (n. 22). A Igreja crê firmemente na presença do Espírito que ajudou, outrora, os antigos profetas a interpretar o plano de Deus através dos sinais dos tempos, e que, hoje, ele também está presente auxiliando a Igreja a perceber os apelos de Deus na sociedade contemporânea e a realizar a sua tarefa profética. Adverte, porém, que tal tarefa "comporta o estudo, a avaliação e o bom uso, que hoje se tornaram fundamentais, das tecnologias e dos meios de comunicação".[7]

O rápido desenvolvimento no campo das tecnologias

A Carta Apostólica *O rápido desenvolvimento*, escrita por João Paulo II e publicada ao mundo no dia 24 de janeiro 2005, trata-se da última Carta de João Paulo II, pois ele veio a falecer em abril do mesmo ano. Podemos considerá-la como o seu último legado à humanidade. Preocupação-interesse do Pontífice sobre a comunicação. A Carta é dedicada, sobretudo, aos responsáveis pelas comunicações sociais.

---

[7] Na trajetória da relação Igreja-comunicação, percebe-se que a Igreja demonstra uma progressiva preocupação com a questão ética nas comunicações. Assim, em 1997 o Pontifício Conselho para as Comunicações publica *Ética na Publicidade*, no ano 2000, *Ética nas comunicações sociais* e, em 2002, *Igreja e Internet* e, ao mesmo tempo, *Ética na Internet*. Estes dois últimos documentos serão abordados na próxima unidade, visto tratarem já da cibercultura.

Num tom positivo a respeito das comunicações sociais, o Papa demonstra estar consciente do rápido desenvolvimento das tecnologias no campo da mídia e retoma o pensamento do magistério da Igreja sobre a comunicação, a partir do "marco referencial" *Inter Mirifica*, aprovado no Concílio Vaticano II (1963). E afirma que, após quarenta anos de sua publicação, houve um caminho fecundo, mas, também, vivemos um tempo oportuno para continuamente voltar a refletir sobre os desafios crescentes que se apresentam. Nesse sentido, o pontífice refere-se às palavras de Paulo VI, na *Evangelii Nuntiandi* (n. 35), enfatizando que a Igreja "se sentiria culpável diante do seu Senhor se não usasse estes poderosos meios".

Entretanto, entre os desafios elencados por João Paulo II, figura aquele que parece ser o mais complexo, devido às atitudes habituais da Igreja em somente usar os meios, ou seja, o de compreender que a Igreja

> não está chamada unicamente a usar os *mass media* para difundir o Evangelho, mas, hoje, como nunca, é chamada também a integrar a mensagem salvífica na "nova cultura" que os poderosos instrumentos da comunicação criam e amplificam (RD, n. 2).

O campo da mídia é cheio de potencialidades, por isso o Papa realça suas palavras na carta encíclica *Redemptoris Missio*, afirmando que "o primeiro areópago do mundo moderno é o mundo da comunicação" (n. 37). Nesse mundo, está o ser humano, que a mídia deve ter em conta promovendo a justiça e a solidariedade. A primeira parte da Carta Apostólica finaliza chamando atenção para os critérios supremos da verdade e da justiça, na prática da liberdade e da responsabilidade. Estes, enfatiza João Paulo, "constituem o horizonte em cujo âmbito se situa uma autêntica deontologia na fruição dos modernos e poderosos meios de comunicação" (RD, n. 3).

Há um convite de João Paulo II, na Carta *O rápido desenvolvimento*, para que os vários grupos de estudos, os seminários, enfim, a Teologia e a Pastoral da Comunicação levem em conta o estudo da cultura da comunicação e a necessidade de uma deontologia no campo da mídia. A Igreja, em primeiro lugar, deve promover o debate sobre tais assuntos (nn. 7-9).

DISCERNIMENTO EVANGÉLICO E COMPROMISSO MISSIONÁRIO

Na consideração da Carta Apostólica *O rápido desenvolvimento*, encontramos, em continuação, os fundamentos teológico e eclesial da comunicação, enfatizados por João Paulo II, pois assim afirma o Papa: "Também o mundo da mídia tem necessidade da redenção de Cristo" (n. 4). Os processos e o valor das comunicações sociais, analisados do ponto de vista da fé, encontram seu fundamento na Sagrada Escritura. Esta "se apresenta como um 'grande código' de comunicação de uma mensagem" que não é efêmera, não passa com o tempo nem se transforma segundo a diversidade das ocasiões. Trata-se da história da salvação onde acontece a verdadeira comunicação: aquela de Deus com o homem.

É na comunicação entre Deus e a humanidade, quando o Verbo se fez um de nós, que acontece o ato de amor perfeito "através do qual Deus se revela, juntamente com a resposta de fé da humanidade" (RD, n. 5). Tal atitude se transforma em um diálogo fecundo. É nesse diálogo de amor que compreendemos e aprendemos "a comunicar com Deus e com os homens através dos maravilhosos instrumentos da comunicação social" (n. 5). Com os *mass media*, então, enfatiza o Papa, revelam-se oportunidades para alcançar as pessoas em todas as partes do universo, vencendo barreiras de tempo, de espaço e de língua. É possível, então, formular os conteúdos da fé e as metas seguras para entrar em diálogo com o Criador, "revelado em Jesus Cristo".

Se contemplamos Jesus, por sua vez, ele nos dá o exemplo de comunicação com o Pai e com as pessoas, "quer vivendo momentos de silêncio e de recolhimento, quer pregando em todos os lugares e com as várias linguagens possíveis" (n. 5). Uma comunicação contínua de Jesus que culmina na Eucaristia. Nasce, consequentemente, a comunicação que "permeia as dimensões essenciais da Igreja, chamada a anunciar a todos a Boa-Nova da salvação" (n. 6). É por este motivo que a Igreja assume as mais variadas oportunidades que os meios de comunicação social oferecem "como percurso dado providencialmente por Deus nos dias de hoje para aumentar a comunicação e tornar o anúncio mais incisivo" (n. 6).

A visão positiva de João Paulo II a respeito da comunicação, entretanto, vem acompanhada do incentivo para usar os meios "com o gênio da fé e na docilidade à luz do Espírito Santo", a fim de criarem vínculos de comunhão entre o povo de Deus (n. 6).

MUDANÇA DE MENTALIDADE E RENOVAÇÃO PASTORAL

Na Carta Apostólica *O rápido desenvolvimento*, o pensamento de João Paulo II e, portanto, do Magistério da Igreja adverte para si e para todos os cristãos a necessidade de "mudança de mentalidade e renovação pastoral" a respeito da comunicação. Na verdade, a Igreja deve considerar o uso dos meios de comunicação "como uma resposta ao mandamento do Senhor: 'Ide pelo mundo inteiro, proclamai o Evangelho a toda a criatura'" (Mc 16,15). No contexto contemporâneo, afirma o pontífice, tal missão se constitui numa tarefa difícil e desafiante, sobretudo aos responsáveis pela educação das pessoas: pais, famílias, educadores. É justamente a atual cultura midiática que impulsiona a Igreja "a fazer uma espécie de revisão pastoral e cultural" para "ser capaz de enfrentar de maneira apropriada" e adequada a transição pela qual passamos neste início de milênio.

O pensamento da Igreja é muito explícito quanto à mudança de mentalidade e dos métodos pastorais, ao referir-se aos Pastores e, com particular responsabilidade, "às pessoas consagradas, que estão orientadas pelo seu carisma institucional ao compromisso no âmbito das comunicações sociais" (RD, n.8).

Com muita lucidez, o Papa João Paulo II volta a enfatizar o que já sugerira na década de 1990, com a Encíclica *Redemptoris Missio* (n. 37c), que se desse a devida importância aos *mass media*, inserindo-os "com evidência na programação pastoral". Com particular ênfase nas novas tecnologias de comunicação, sobretudo nas potencialidades, por exemplo, da Internet, o Papa incentiva a que se use tal tecnologia não somente para a informação, mas também que "habituem as pessoas a uma comunicação interativa. Certamente, prossegue o Papa, junto com os novos meios devem ser usados também outros" (n. 9), uma vez verificadas todas as possíveis valorizações de instrumentos tradicionais.

A preocupação maior deve sempre recair sobre a finalidade do uso dos meios de comunicação: a de tornar as pessoas conscientes da dimensão ética e moral da informação. E, finalmente, uma preocupação e pastoral especial que a Igreja é convidada a desenvolver: uma atenção pastoral aos profissionais da comunicação. João Paulo II conclui seu pensamento com palavras realmente de pastor: "Com frequência estes homens e mulheres encontram-se perante pressões particulares e dilemas éticos; muitos deles sentem o desejo sincero de conhecer e praticar o que é justo no campo ético e moral, e esperam da Igreja orientações e apoio" (n. 9).

COMUNICAR COM A FORÇA DO ESPÍRITO SANTO

Na última parte da Carta Apostólica, João Paulo II exorta a todos os cristãos, e principalmente os comunicadores, a "comunicar com a força do Espírito". Na verdade, é somente com a luz e a sabedoria do Espírito que se pode enfrentar o "grande desafio deste nosso tempo", o de manter "uma comunicação verídica e livre, que contribua para consolidar o progresso integral do mundo" (RD, n. 13).

E ainda a sabedoria vinda do Espírito, que ajuda nas escolhas e no vencer as dificuldades da comunicação, quanto às "ideologias, à sede de lucro e de poder, às rivalidades e aos conflitos entre indivíduos e grupos" (n. 13). Afirma o Papa que, se por um lado as modernas tecnologias oferecem e desenvolvem com enorme velocidade a comunicação, por outro, infelizmente, "não favorecem de igual modo aquele intercâmbio frágil entre uma mente e outra, entre um coração e outro, que deve caracterizar qualquer forma de comunicação ao serviço da solidariedade e do amor" (n. 13).

No contexto da necessidade de discernimento e boas escolhas, no mundo da comunicação, João Paulo II lembra a todos que o apóstolo Paulo oferece uma mensagem incisiva a todos que estão comprometidos na comunicação social, isto é, políticos, comunicadores profissionais, espectadores. A afirmação consiste no seguinte, quando Paulo se dirige aos Efésios (4,25-29):

> [...] despi-vos da mentira e diga cada um a verdade ao seu próximo, pois somos membros uns dos outros [...]. Nenhuma palavra desagradável saia da vossa boca, mas apenas a que for boa, que edifique, sempre que necessário, para que seja uma graça para aqueles que a escutam.

E João Paulo II, referindo-se aos trabalhadores da comunicação, demonstra o seu afeto e zelo de Pastor, num convite veemente a não nos deixar intimidar, e afirma: "Não tenhais medo!".

E continua,

> não tenhais medo das novas tecnologias! Elas incluem-se "entre as coisas maravilhosas', "*Inter Mirifica*", que Deus pôs à nossa disposição para as descobrirmos,

usarmos, fazer conhecer a verdade, também a verdade acerca do nosso destino de filhos seus, e herdeiros do seu Reino eterno (n. 13).

Fazendo ressoar varias vezes o "não tenhais medo!", o pontífice, por fim, exorta a não temer a oposição do mundo, recordando que Jesus venceu o mundo. É preciso não ter medo das próprias fraquezas, porque cremos na palavra de Jesus que disse: "Eu estarei sempre convosco, todos os dias, até o fim do mundo" (Mt 28,20). Por isso é preciso comunicar sempre a mensagem de "esperança, de graça e de amor de Cristo".

De Medellín a Aparecida: percurso da comunicação na Igreja Católica latino-americana

As conferências gerais do episcopado latino-americano e caribenho (ou Assembleias) são reuniões de caráter pastoral que permitem à Igreja Católica presente na América Latina e no Caribe definir suas ações com maior identidade cultural e com maior atenção às necessidades de peculiaridades locais. A Conferência Geral é convocada pelo Papa a partir do pedido das conferências episcopais. A primeira realizou-se no Rio de Janeiro (Brasil, 1955); a segunda, em Medellín (Colômbia, 1968); a terceira, em Puebla (México, 1979); a quarta, em Santo Domingo (1992); a quinta, em Aparecida (Brasil, 2007).

Na América Latina, a Conferência Episcopal Latino-americana (1955), o CELAM, sempre considerou os meios de comunicação de massa como instrumento para o desenvolvimento das atividades de evangelização, e, de modo especial, sua atenção voltou-se para a "promoção" da doutrina católica. No decorrer do tempo fundou um departamento específico de comunicação social (DECOS) para articular os serviços e as atividades pastorais no terreno da comunicação junto às Conferências Episcopais Nacionais em cada país do continente.

Para uma melhor e mais próxima contextualização, abordaremos aqui o percurso do pensamento da Igreja Católica na América Latina sobre a comunicação, expresso nos vários artigos dos Documentos publicados pelas principais conferências realizadas em nível continental e que constituem o marco teórico para iluminar e direcionar a prática da Igreja nas suas diversas pastorais, especialmente no que se refere à comunicação.

Medellín: Meios de Comunicação Social (1968)

No contexto eclesial da América Latina, a aplicação do Concílio Vaticano II em comunicação foi ampliada a partir da década de 1960, sob os auspícios do DECOS-CELAM (também por meio de outras organizações católicas como UNDA-AL, SAL-OCIC, UCLAP – secretariados sobre o rádio, o cinema e a imprensa). Enquanto na sociedade latino-americana vivia-se a teoria da modernização e o surgimento da teologia da libertação, surgiam três importantes encontros promovidos pelo CELAM, com suas conclusões: primeiro seminário dos responsáveis pelos secretariados nacionais de comunicação social (Santa Inês, Peru), em 1966. Três seminários regionais em Montevidéu, Lima e São José (Costa Rica), de maio a julho de 1968.

Ainda em 1968, realizou-se a 2ª Conferência Episcopal Latino--americana, em Medellín (Colômbia), que abordou também a comunicação. No documento de Conclusão, Medellín dedica dez artigos, no item 16, aos meios de comunicação social. São conteúdos que retomam as posições do Vaticano II, especialmente do *Inter Mirifica*, sobre as comunicações. Havia uma crença de que a mídia era virtualmente muito poderosa e que, por ser vista como ferramenta apropriada para promover a mudança social, devia também ser usada na evangelização. De um lado a crítica à situação, a referência ao subdesenvolvimento dos povos da América Latina. De outro, porém, como afirma José Marques de Melo (1981, p. 11), a atitude ingênua com seu encantamento diante das novas tecnologias de comunicação. Viram-se os meios de comunicação como poderosos, capazes de incrementar o desenvolvimento e orientar os planos em direção ao bem comum. Contudo, as conclusões de *Medellín* estabelecem uma nova mentalidade de Igreja e, consequentemente, em suas relações com a comunicação.

Os documentos elaborados na década de 1970 não trouxeram novidades para a visão da Igreja sobre comunicação, contentando-se com o pensamento já existente sobre a matéria. No entanto, a pedra angular na comunicação da Igreja no final dos anos 1970 foi o desenvolvimento das comunidades eclesiais de base.

Puebla: Comunicação Social (1979)

Em 1978, com a finalidade de preparar a terceira conferência dos bispos latino-americanos, em Puebla (1979), o DECOS elaborou a

Evangelização e a Comunicação Social na América Latina. Coordenado por Washington Uranga, na época secretário do DECOS, o documento coletou os dados de dezoito nações, reuniu comentários de peritos latino-americanos e estrangeiros em trabalho de pastoral e comunicação. Constitui-se assim a primeira síntese do pensamento da Igreja latino-americana sobre comunicação.

Por fim, o tema comunicação ocupa 32 artigos (nn. 1063-1095) no *Documento de Puebla* (1979). Com referência ao tema, *Puebla* apresentou um avanço sobre *Medellín*. Ao reconhecer que a comunicação social está condicionada pela realidade sociocultural das nações da América Latina e, ao mesmo tempo, é um dos fatores determinantes na manutenção de tal realidade, as conclusões de *Puebla* apoiam-se numa análise mais lúcida sobre a inter-relação dos meios de comunicação com a realidade sociocultural.

E *Puebla* denuncia, então, o controle e a manipulação ideológica exercidos pelos grupos poderosos econômicos e políticos através das mídias (n. 1071). Atento ao fenômeno da comunicação e suas implicações para a evangelização, o documento propõe que a hierarquia e os agentes pastorais em geral conheçam, compreendam e experimentem mais a fundo o fenômeno da comunicação, e procurem integrá-la na pastoral de conjunto (n. 1083).

Um importante e original aspecto do documento de *Puebla* é que a Igreja, sem rejeitar os meios de comunicação, enfatiza o uso da comunicação popular ou comunicação de grupo, como uma alternativa que leva em conta um processo dialógico e participativo de comunicação (experiências que se vinham desenvolvendo desde *Medellín*). Assim, a comunicação grupal, reforçada por *Medellín* e *Puebla*, tornou-se a atividade principal na comunicação da América Latina. Ela provinha dos meios audiovisuais para alcançar os objetivos de evangelização e de conscientização para uma mudança social.

Entre os documentos da Igreja no continente, na década de 1980, encontramos os de Quito (Equador, 1982) e de Embu (São Paulo, 1982) sobre a Igreja e a *Nova Ordem Mundial de Informação e Comunicação* (NOMIC). Sobretudo este último, foi considerado o mais importante, convocado pela Igreja latino-americana, referente à NOMIC (Nova Ordem Mundial de Informação e Comunicação), e contou com a participação de representantes da Pastoral da Comunicação com destacados pesquisadores da área e formadores de opinião da América Latina, para discutirem o papel e a responsabilidade dos cristãos, mais especificamente dos católicos na construção de uma nova ordem da comunicação. Era o tempo em que a Igreja tomava posição definida e incentivava o acesso à participação e comunicação alternativa.

No que concerne à Igreja e comunicação na sociedade brasileira, a Igreja aplicou o Vaticano II, seguindo os vários pronunciamentos papais, atendo-se às conclusões especialmente de *Medellín* e *Puebla*, já mencionadas previamente. Na década de 1970, vive-se no Brasil o advento de uma ordem capitalista e a consolidação de uma Igreja verdadeiramente nacional, que procura inculturar-se sempre mais. Apesar do período militar, de Segurança Nacional, os "setores de ponta" se desenvolveram acentuadamente (computação, setor aeroespacial, armamentos e energia nuclear). Tal transição trouxe grande impacto sobre as relações sociais, os valores. O setor de comunicações de massa passa a produzir e a comercializar a maioria dos bens culturais, e em sentido ideológico, molda de maneira decisiva as imagens predominantes do Brasil. A Igreja passa a denunciar o sistema e, nos meios de comunicação de massa, o seu acesso se torna cada vez mais limitado, com possibilidades sempre menores de transmitir seu conteúdo de evangelização. Inicia-se o debate sobre "ter ou não os próprios meios".

Assim, quase que pela primeira vez, segundo Ralph Della Cava e Monteiro (1991), o "clero" atribui aos meios de comunicação de massa um papel central indispensável à pregação do Evangelho e à condução do trabalho pastoral da Igreja. Os anos 1980 pode-se dizer que são anos de "autoconsciência". Afirma Della Cava, referindo-se àquela época: "é possível que o catolicismo brasileiro se encontre em uma encruzilhada, ou mesmo num impasse, perante a moderna indústria da cultura, cada vez mais poderosa no país" (Della Cava; P. Monteiro, 1991).

Santo Domingo: Comunicação Social e Cultura (1992)

Prosseguindo a caminhada da Igreja, no que se refere à comunicação, vamos encontrar também na Conferência de Santo Domingo (1992) alguns artigos sobre a comunicação. Na verdade, a IV Conferência quis enfatizar as linhas mestras de um novo impulso evangelizador "que pusesse Cristo no coração e nos lábios, na ação e na vida de todos os latino-americanos" (Santo Domingo, n. 3). Assim, o esforço concentrou-se em fazer com que "a verdade sobre Jesus Cristo, a Igreja e o homem penetrem mais profundamente em todos os estratos da sociedade" (n. 3).

Portanto, a nova evangelização foi a ideia central de todo o documento de Santo Domingo.

No terceiro capítulo da segunda parte, *A cultura cristã*, a comunicação recebe a consideração em oito artigos que, na prática, repetem e refletem sobre considerações a respeito da comunicação social, feitas noutros documentos da Igreja. Assim, na perspectiva teológica (n. 279) segue a orientação de Puebla e vê a comunicação como um "caminho que deve ser seguido para se chegar à comunhão (comunidade)". Referências são feitas também à *Aetatis Novae*, que por sua vez cita a *Communio et Progressio*.

Ao se referir aos desafios pastorais, o documento fala dos progressos tecnológicos, do desenvolvimento da indústria das comunicações, dos perigos da publicidade e da programação televisiva em geral. Sublinha-se a insuficiente presença da Igreja nos meios de comunicação e nas telecomunicações. Há referência também à elaboração de "políticas de estratégias de comunicação", à preparação técnica, doutrinal e moral de todos os agentes de pastorais e a uma adequada educação dos receptores dos meios de comunicação. Encoraja-se, ainda, a pesquisa nas universidades católicas.

A respeito de Santo Domingo, é preciso concluir que, embora o documento não avance além da originalidade de *Medellín* e de *Puebla* sobre a comunicação social na América Latina, as Conclusões demonstram preocupação em "dar impulso a uma eficaz ação educativa e a um decidido empenho para uma moderna comunicação" (n. 300).

Aparecida: Pastoral da comunicação social (2007)

No caminho ascendente da compreensão da Igreja a respeito da comunicação, mencionado anteriormente, o Documento de Aparecida focaliza, sobretudo, a necessidade da Pastoral da Comunicação (nn. 484-490). Para desenvolvermos uma "pastoral", entretanto, é necessário, realmente, considerar a comunicação não somente como um elemento transversal, mas dar-lhe o seu lugar específico na evangelização, que necessita investir enfaticamente numa pastoral midiática, e ser tratada como tema próprio. Neste sentido, e considerando que a mídia constitui-se muito mais que um simples instrumento, ela configura a atual cultura, lugar onde se desenvolve o discipulado missionário em favor da vida plena.

Se considerarmos o fato de que vivemos, nestes últimos anos, uma evolução histórico-tecnológica no conceito de comunicação, verificamos que, de "meios de comunicação social", se passou para "comunicação social" e, finalmente, chegamos à "cultura da comunicação". Cabe a nós, a partir do mandato missionário de Jesus (cf. Mt 28,16-20), integrar a mensagem cristã nesta nova cultura criada pelas modernas comunicações (cf. RM, n. 37c).

No entanto, o que a revolução tecnológica introduz em nossa sociedade não é apenas uma quantidade inusitada de novas tecnologias, criativas, potentes e abrangentes, mas um novo modo de relacionar processos simbólicos e formas de produção e distribuição dos bens e serviços. É preciso, porém, estarmos atentos à comunicação que mais e mais remete não tanto aos meios, mas sim a novos modos de percepção e de linguagem, a novas sensibilidades e escritas.

Foi levando em conta este e outros aspectos, descritos nos números 484 a 490, que a Igreja latino-americana e caribenha, com o Documento de Aparecida, se propõe a formar discípulos e missionários, conhecendo e valorizando a "nova cultura da comunicação", atitude esta que implica o desenvolvimento, entre muitas iniciativas, de formar e educar as pessoas para a comunicação.

Considerando, ainda, que as linguagens da comunicação configuram-se, hoje, elas próprias, tanto em elemento articulador das mudanças na sociedade quanto em meios de difusão, Aparecida reafirma que "o primeiro anúncio, a catequese ou o posterior aprofundamento da fé não podem prescindir dos meios de comunicação" (n. 485).

No que concerne à comunicação, no Documento de Aparecida, convivem tanto o sentido antropológico da comunicação, enquanto espaço de produção de cultura (espaço que precisa ser "conhecido e valorizado"), quanto o conjunto dos recursos da informação como instrumentos a serem usados na evangelização.

Aparecida entende e enfatiza a comunicação como uma "nova cultura", que deve ser compreendida e valorizada, e que diz respeito a todos. Portanto, os bispos se comprometem a "acompanhar os comunicadores", não descuidando, porém, "a formação profissional na cultura da comunicação de todos os agentes e cristãos" (n. 486b).

O documento é também pródigo em elogios aos promotores das práticas comunicativas na Igreja e relaciona as atividades que devem ser prioritárias num plano de pastoral, tais como: criar e manter meios próprios, estar presente nos meios de massa, formar comunicadores competentes, educar na formação crítica dos receptores, colaborar para que haja leis que se voltem à proteção de crianças e jovens em relação aos efeitos negativos da mídia, aproximar-se dos novos meios, especialmente da Internet, com realismo e confiança. Lembra, contudo, que a riqueza da animação da Pastoral da Comunicação dependerá do "espírito de comunhão" a partir do qual for concebida e desenvolvida.

Além de sugerir um cuidado mais explícito com as manifestações artísticas, valorizando sempre mais os espaços de diálogos entre fé e ciência, inclusive dos meios de comunicação, Aparecida recomenda a necessidade de que as ações da Igreja, neste campo, sejam acompanhadas pelo melhoramento técnico e profissional (nesse sentido, cita, por exemplo, as celebrações litúrgicas).

Finalmente, o Documento de Aparecida recomenda que "se incentive a criação de centros culturais católicos, necessários especialmente nas áreas mais carentes, onde o acesso à cultura é mais urgente" (n. 490).

A leitura dos elementos da V Conferência Geral do Episcopado Latino-americano e do Caribe referentes à Pastoral da Comunicação permite que as paróquias, os movimentos e as dioceses encontrem subsídios para a elaboração de seus próprios planejamentos, com criatividade e em "espírito de comunhão".

Percebemos, então, que o discurso da Igreja que dá sustentação às suas políticas de comunicação social tem estado atento às mudanças de paradigmas próprios do fenômeno comunicativo como integrante da cultura contemporânea. Em termos teóricos, torna-se necessário entender a cultura e, em termos programáticos, compreender como articular, na cultura (como inculturar), as práticas pastorais, tornando-as eficazes e adequadas ao momento histórico pelos quais passamos.

Cabe, pois, à Pastoral da Comunicação vivificar todas as demais manifestações pastorais, pregando insistentemente a necessidade constante do diálogo e da abertura para a participação de todos. No caso, a Pastoral da Comunicação volta-se, simultaneamente, para o ser humano, enquanto "ser de relação" (Paulo Freire), e para a máquina, enquanto espaço de relação (Pierre Levy). Sem dúvida, tal conjuntura traz um intrigante desafio para a Pastoral da Comunicação.

Além do desafio de promover as relações entre as pessoas, ampliando os caminhos da expressão no espaço da comunidade, é preciso pensar o uso dos recursos e meios não apenas para difundir mensagens, mas especialmente para ouvir a cultura e ampliar o diálogo intercultural e inter-religioso.

Um destaque para o Brasil

Com o objetivo de oferecer incentivo e "atualizar" a compreensão comum sobre a comunicação, sobretudo para os pastores e agentes pastorais de todo o país, encontra-se em preparação já avançada um estudo sobre a "Comunicação na vida e missão da Igreja, no Brasil". Trata-se de um instrumento de reflexão que motiva e orienta o planejamento das ações evangelizadoras no contexto da cultura em que vivemos neste início de milênio, pois, hoje, torna-se inviável pensar uma evangelização coerente, um diálogo entre fé e cultura, sem um bom entendimento da comunicação, também como eixo transversal de toda a ação pastoral.

A reflexão (estudo) aponta para a compreensão da comunicação como um processo, um "acontecimento" centrado no relacionamento pessoal, antes de pensá-lo como conjunto de meios de informação. A comunicação é, então, compreendida para além dos aparatos, superando o deslumbramento ante as tecnologias, mas reafirmando a centralidade do ser humano como um ser de comunicação, integrado a ecossistemas comunicativos abertos e criativos nos mais diversos espaços onde acontecem as relações.

O incentivo do estudo volta-se, simultaneamente, para o entendimento da comunicação como um "processo", um "conteúdo" e uma "rede". É "processo", porque foi em espaços de intensas e ricas experiências de relação comunicativa comunitária que Cristo transmitiu sua mensagem e os apóstolos motivaram os cristãos ao ágape fraterno. Revela-se "conteúdo", porque abarca o comportamento, as tendências e os estilos de vida contemporâneos. Finalmente, converte-se em "rede de relações", em virtude das novas e originais ocasiões oferecidas pelos meios da comunicação midiática a uma cultura cristãmente inspirada, a fim de que se difunda e entre em diálogo com outras culturas.

Em decorrência, o desafio é justamente o de encontrar o sentido que as tecnologias têm para a sociedade e como delas fazer uso na prática pastoral. Para tanto, o estudo convida o cristão a uma abertura sincera e humilde para um processo contínuo de aprendizagem sobre como promover a comunicação através dos instrumentos colocados a serviço da humanidade, independentemente do lugar que esse agente pastoral ocupe na sociedade e na estrutura da Igreja. Em outras palavras, para dar sentido às tecnologias e usá-las adequadamente, faz-se necessário compreendê-las, levando em conta o que diz *Aetatis Novae*, quando afirma, em seu n. 4, que "a mídia possui a capacidade de pesar não somente sobre a modalidade, mas também sobre os conteúdos do pensamento". Em outros termos, segundo o documento, os meios de comunicação constituem bem mais que simples instrumentos: são verdadeiros agentes de uma nova cultura, de uma nova linguagem.

O desafio, pois, é superar visões simplistas e reducionistas que ora limitam a comunicação às relações interpessoais e ora as definem exclusivamente como ação dos que dominam os meios e recursos de informação. Todos somos sujeitos nesses complexos processos e já não há mais lugar para dividir as pessoas em "emissores" e "receptores".

Tal fato traz consequências para os processos de catequese e de evangelização, muitas vezes colocando em conflito a tradição e a modernidade. Isto pode levar à rejeição do novo, provocando a estagnação e a indisposição para o diálogo ou, em sentido oposto, permitir a abertura de novo horizonte: o "sal na terra", capaz de antever, representar, fecundar. Olhar com os olhos da fé a mídia significa reconhecer, por certo, os seus limites, porém, ainda mais, a sua potencialidade e agir de maneira a que se torne um recurso concreto para a missão da Igreja.

Para colaborar com esta reflexão, o estudo constrói um roteiro composto de vários capítulos, iniciando pela exposição sobre as mudanças pelas quais passa o mundo contemporâneo, demonstrando como uma nova cultura – a cultura midiática – foi sendo construída, gerando, por um lado, transformações antropológicas e sociais e, por outro, criando condições para a emergência de novos protagonistas, pessoas em condições de interagir com a cultura.

O estudo aborda os mistérios do ser humano, sujeito da comunicação, em sua relação com a "palavra viva e eficaz", Jesus. Apresenta os fundamentos teológicos para entender as características da comunicação da fé. Parte do princípio de que a fé não será autêntica nem a missão da Igreja será eficaz se ambas não assumirem uma densidade e uma valência culturais.

A "urgência educativa" ocupa grande relevância, no estudo, que defende que a educação para a mídia se faça através de três âmbitos de atividades: a vivência do processo comunicativo; a capacitação para a produção de conteúdos e a formação para a análise crítica dos processos de comunicação e das produções midiáticas. Nesse contexto, são fortes as referências ao papel comunicativo da família, dos jovens, da escola, dos meios massivos e dos profissionais da mídia, chamando a atenção para a responsabilidade ética dos que trabalham com os meios de informação.

O estudo finaliza demonstrando a necessidade de um plano pastoral para as comunicações em cada diocese e paróquia. Para tanto, o texto oferece subsídios quanto aos objetivos a serem perseguidos e aos procedimentos a serem seguidos. Para tanto, aponta-se para o perfil dos novos protagonistas do processo que se almeja alcançar em todos os níveis da vida eclesial: da paróquia à diocese; dos organismos especializados aos movimentos que dependem da disponibilidade das pessoas que, como indivíduos, se comprometem com a cultura e a comunicação, dando destaque para o compromisso específico dos leigos. E, assim, os fiéis são convidados a dialogar com os promotores da mídia católica ou não confessional.[8]

Sugestão para refletir e agir

1. Em qual documento você percebeu mais a abertura da Igreja em relação ao diálogo com a sociedade contemporânea?
2. Comparando os diversos documentos, qual deles significou uma "reviravolta" no pensamento do magistério eclesial, no sentido de levar em conta e, mesmo, entrar na nova cultura, como condição para evangelizar?
3. O que significa evangelização? Se você comparar a "nova evangelização" com a simples "evangelização", o que realmente muda e o que permanece?
4. Depois de perceber o verdadeiro significado da "nova" evangelização, o que ela exige em termos de linguagens, de narrativas, de abordagens de comunicação para aproximar-se do "sujeito", hoje?

---

[8] Joana T. Puntel fez parte da equipe que elaborou o texto "Comunicação na vida e missão da Igreja", no Brasil, publicado pela CNBB/Paulus, 2011.

Capítulo 4
Evangelização e cultura digital – Midiatização

Para conseguir o diálogo com as pessoas de hoje, especialmente o diálogo da fé com a cultura midiática, faz-se necessário observar as mudanças rápidas que estão acontecendo no mundo. Tudo se vai transformando, sobretudo as relações. Damo-nos conta, então, de que vivemos em uma nova cultura, a cultura midiática.

Para evangelizar nesta cultura, surge a necessidade de continuar o *aggiornamento* por parte da Igreja, agora com um olhar sobre a cibercultura, a cultura digital. Portanto, a análise de onde deve partir a evangelização para estar em diálogo com a cultura digital.

Nasce, com o mundo digital, uma teoria interacional (redes sociais ou *networks*), que faz do novo modelo de comunicação uma plataforma em que não existem mais o emissor e o receptor, mas somente o *webator*. A comunicação passa por uma grande alteração: o antigo "receptor" passa a ser coprodutor, cocriador. Portanto, as formas de comunicação passam da unilinearidade para a interatividade (interconexão). Na midiatização, há uma nova maneira de as pessoas se relacionarem. A provocação para uma nova evangelização se faz sentir de modo mais exigente, pois é preciso conhecimento dos novos processos comunicativos da cibercultura para desenvolver novos métodos de evangelização, especialmente no campo pastoral.

Seguindo o caminho sem fronteira...[1]

Seguindo o caminho sem fronteira da Igreja, em um mundo que implica novas linguagens, novos métodos, enfim, implica a observação e a prática das mutações profundas trazidas pela cultura digital e que se apresentam como uma necessidade para a Igreja levar em conta na evangelização, surge, neste quarto capítulo, uma pergunta: será que a Igreja está considerando e assumindo tais mudanças? Do ponto de vista do pensamento, sim. É o que ela diz e incentiva através de seus últimos documentos, a saber, *Igreja e Internet* e *Ética na Internet*, que apresentamos a seguir, para continuar o esforço da Igreja sobre o *aggiornamento* a que se propôs desde o Concílio Vaticano II.

Elegemos, como recorte, a midiatização, que se encontra dentro da cibercultura, que chamamos também cultura digital. São novas formas de comunicação, nascidas também do impacto das novas tecnologias e que, no decorrer desta unidade, você poderá observar quão decisivas elas são para a convivência e as transações socioculturais e econômicas na sociedade contemporânea.

Há todo um caminho evolutivo muito acentuado de novos paradigmas para chegarmos ao que queremos entender como midiatização. Como disse um pesquisador, Pedro Gilberto Gomes, estamos passando para um novo patamar da nossa sociedade. Isto implica um novo sujeito. Uma nova maneira de ser, de atuar. Por isso consideramos os três grandes tipos (modelos) de comunicação como *processos comunicativos*, pois é aí que acontece o nascimento de novas linguagens, de novas maneiras de as pessoas se comunicarem, portanto, novos paradigmas para a evangelização. Além disso, o processo comunicativo atual exige uma mudança de mentalidade para os sistemas de ensino, por exemplo. E muito mais para o modo de evangelizar.

---

[1] Este capítulo recupera trechos de conteúdos publicados pela autora na obra *Comunicação: diálogo dos saberes na cultura midiática*, com objetivo metodológico para análise e reflexão sobre o discurso progressivo da Igreja em relação à comunicação.

Igreja e Internet – Abertura da Igreja para a cibercultura

Decidida a entrar no Novo Milênio buscando desenvolver um diálogo com a nova cultura midiática da sociedade contemporânea, a Igreja avança empreendendo novos caminhos para a evangelização, traçando diretrizes renovadas que orientam suas pastorais eclesiais. Iniciando pela escuta aos "sinais dos tempos", pela valorização da continuidade da obra da criação através das invenções da inteligência humana e atenta à mudança de paradigmas, especialmente no que concerne ao caráter relacional das novas tecnologias e do ser humano, a Igreja oferece sua reflexão atualizada com dois documentos da cultura digital: *Igreja e Internet* e *Ética na Internet*. Ambos publicados em 2002, pelo Pontifício Conselho para as Comunicações Sociais.

Vejamos cada um deles.

Igreja e Internet

O documento *Igreja e Internet* divide-se em partes importantes. Na primeira parte, "Introdução", o documento considera os meios de comunicação social como resultado do progresso histórico-científico e os encara como dons de Deus na medida em que criam laços de solidariedade entre as pessoas. O documento enfatiza, também, que tais meios constituem fatores sociais que têm um papel a desempenhar na história. Com especial referência à Internet, a Igreja encoraja o seu progresso e afirma a necessidade de procurar um diálogo honesto e respeitador com as pessoas responsáveis por tais técnicas. É importante considerar a atitude de a Igreja querer se colocar em diálogo para compreender sempre mais os meios de comunicação.

Na segunda parte, "Oportunidades e desafios", a Igreja declara algo de suma importância, que demonstra sua compreensão da comunicação como algo que vai para além de um exercício técnico. Assim, no n. 7, enfatiza que a educação e a formação constituem áreas de oportunidade e de necessidade:

> Hoje, todos precisam de algumas formas de educação midiática permanente, mediante o estudo pessoal ou a participação num programa organizado, ou ambos. Mais do que meramente ensinar técnicas, a formação midiática ajuda as pessoas a formarem padrões de bom gosto e de verdadeiro juízo moral, um aspecto da

formação da consciência. Através das suas escolas e programas de formação, a Igreja deve oferecer uma educação midiática deste gênero.

Entre os vários aspectos de oportunidades que o documento elenca sobre a Internet, a Igreja afirma que ela é relevante para muitas atividades e programas da Igreja, seja para a evangelização, a catequese e outros tipos de educação, notícias e informações, governo e administração, seja também para várias formas de conselho pastoral e até de direção espiritual. E acrescenta que:

> Não obstante a realidade virtual do espaço cibernético não possa substituir a comunidade interpessoal concreta, a realidade da encarnação dos sacramentos e a liturgia, ou a proclamação imediata e direta do Evangelho, contudo, pode completá-las, atraindo as pessoas para uma experiência mais integral da vida de fé e enriquecendo a vida religiosa dos usuários. Ela também oferece à Igreja formas de comunicação com grupos específicos – adolescentes e jovens, idosos e pessoas cujas necessidades as obrigam a permanecer em casa, indivíduos que vivem em regiões remotas e membros de outros organismos religiosos – que, de outra forma, podem ser difíceis de alcançar (n. 5).

Especificamente com referência à Internet, com frequência o documento insiste que "a educação e o treinamento devem constituir uma parte dos programas compreensivos de formação a respeito dos meios de comunicação, disponíveis para os membros da Igreja" (n. 7). E a insistência vai além, isto é, afirma explicitamente que, possivelmente,

> [...] os programas pastorais para as comunicações sociais deveriam prever esta preparação no contexto da formação dos seminaristas, sacerdotes, religiosos e pessoal leigo comprometido na pastoral, assim como dos professores, dos pais e dos estudantes (n. 7).

Apesar da atitude positiva do Magistério em relação à Internet, a Igreja não se omite em apontar como problemas específicos apresentados pela Internet a presença de sites que instigam ao ódio, destinados a difamar e a atacar os grupos religiosos e étnicos. Também a pornografia e a violência nos sites da Internet ou que instigam ódio são preocupações que envolvem preservar os valores da pessoa humana.

> Não obstante o respeito pela livre expressão possa exigir a tolerância, até a um determinado ponto, mesmo em relação às manifestações de ódio, a autorregulamentação por parte da indústria – e, onde for necessário, a intervenção da autoridade pública – deveria estabelecer e aplicar limites razoáveis para aquilo que se pode dizer (n. 8).

O documento chama a atenção, ainda, para a proliferação de *websites* que definem a si mesmos como católicos, o que cria um problema de tipo diferente. No n. 8, encontramos:

> os grupos ligados à Igreja deveriam estar ativamente presentes na Internet; além disso, os indivíduos e os grupos não oficiais, bem-intencionados e retamente informados, que agem por sua própria iniciativa, são também encorajados a estar presentes na Internet.

A questão que o documento coloca é como distinguir as posições autênticas da Igreja de simples interpretações "doutrinais excêntricas", que se definem como "católicas". Sobre esta questão a Igreja convida a uma reflexão séria, a uma investigação e estudo contínuos,

> [...] inclusivamente com a elaboração de uma antropologia e uma verdadeira teologia da comunicação – com referência específica à Internet. Naturalmente, além do estudo e da pesquisa, pode e deve fomentar-se um programa pastoral específico para a utilização da Internet (n. 9).

Na terceira e última parte, "Recomendações" e "Conclusão", o documento é concluído com um enfático incentivo sobre a importância

> [...] que as pessoas, a todos os níveis da Igreja, lancem mão da Internet de maneira criativa, para assumirem as responsabilidades que lhes cabem e para ajudarem a Igreja a cumprir a sua missão. Na perspectiva das inúmeras possibilidades positivas apresentadas pela Internet, não é aceitável hesitar timidamente, por medo da tecnologia ou por algum outro motivo. Os métodos de melhoramento das comunicações e do diálogo entre os seus membros podem reforçar os vínculos de unidade entre eles. O acesso imediato à informação torna-lhe [para a Igreja] possível aprofundar o seu diálogo com o mundo contemporâneo. [...] a Igreja pode mais prontamente informar o mundo sobre o seu credo e explicar as razões da sua posição sobre cada problema ou acontecimento. Ela pode escutar mais claramente a voz da opinião pública e estabelecer uma discussão contínua com o mundo em seu redor, "para assim se envolver mais imediatamente" na busca comum da solução dos problemas mais urgentes da humanidade (10).

O documento *Igreja e Internet* conclui com palavras fortes e incisivas, de encorajamento, a vários grupos. Em particular, "[...] aos líderes da Igreja, ao pessoal comprometido no campo da pastoral, aos educadores, aos pais e especialmente aos jovens" (n. 11). Aos *líderes da Igreja*, ou seja, pessoas que ocupam lugares de liderança, refere-se ao quanto precisam compreender a comunicação, e "[...] aplicar esta compreensão na elaboração de planos pastorais para as comunicações sociais, juntamente com políticas e programas concretos nesta área [...]" (n. 11). Convidando para que lancem mão do potencial da era do computador para servir à evangelização: "eles devem empregar esta tecnologia surpreendente em muitos aspectos diferentes da missão da Igreja explorando, ao mesmo tempo, as oportunidades para a cooperação ecumênica e inter-religiosa no seu uso" (n. 11).

Ao pessoal comprometido no campo da pastoral, o documento dirige-se aos sacerdotes, diáconos, religiosos e operadores leigos no campo da pastoral. Estes

> deveriam ser formados no campo dos *mass media*, para aumentar a sua compreensão acerca do impacto das comunicações sociais (...) para ajudar a adquirir uma forma de comunicar que transmita uma mensagem às sensibilidades e aos interesses das pessoas na cultura dos *mass media* (n. 11).

Aos educadores e catequistas, a preocupação da Igreja volta-se para as universidades, os colégios, as escolas e os programas educativos católicos, em todos os níveis. A Igreja incentiva para que ofereçam cursos para os vários grupos –"seminaristas, sacerdotes, religiosos, animadores leigos, professores, pais e estudantes –, assim como uma formação mais avançada em tecnologia das comunicações, administração, ética e questões políticas" (n. 11).

Além disso, o texto afirma a recomendação para a consideração do tema aos estudiosos e investigadores em disciplinas relevantes nos institutos católicos de ensino superior.

Aos pai, às crianças e aos jovens o documento traz a seguinte mensagem:

> A Internet é uma porta aberta para um mundo maravilhoso e fascinante, dotado de uma poderosa influência formativa; não obstante, nem tudo o que se encontra do outro lado desta porta é seguro, sadio e verdadeiro. Daí a vigilância, a educação e, sobretudo, a formação para as escolhas, para as discussões, para o acompanhamento dos pais (n. 11).

Ao concluir o documento, percebemos o grande interesse da Igreja pela Internet, como um meio para dialogar com o sujeito da sociedade contemporânea, por isso o incentivo para que se use a Internet de forma criativa. Por outro lado, a Igreja é ciente de quanto é necessária a formação para compreendermos não somente a técnica, mas o quanto é preciso uma sustentação humana, espiritual, cultural, para realizarmos algo de bom na Internet. Daí o apelo aos líderes, aos pais, aos jovens, aos catequistas.

Ética na Internet – critérios, recomendações para o bem comum

Naturalmente que a Igreja não poderia abordar um tema tão importante como o é a Internet, sem se ocupar, também, da questão ética. O documento foi publicado na mesma data de *Igreja e Internet*, 2002, e está dividido em partes conteudísticas que oferecem aspectos de relevância quanto à reflexão sobre os princípios éticos e sugestões para alcançar determinações, inclusive regulamentares, em vista do bem comum.

Assim, temos a Introdução, as considerações sobre a Internet, algumas áreas de preocupação, recomendações e conclusão. Perpassa todo o documento um estilo agradável e uma abordagem respeitosa, isto é, o documento oferece o conteúdo e chama para a responsabilidade, mas não impõe os princípios. Há um senso muito grande de respeito à liberdade de decisão da pessoa. A Igreja cumpre seu dever de expor os princípios éticos, demonstra sua preocupação e incentiva para o senso crítico e a criação de regulamentos que preservem a ética.

Afirma o documento, já na sua Introdução, que "A mudança que se dá hoje nas comunicações implica mais que uma simples revolução técnica" (n. 1). Sem dúvida, hoje não se faz necessário "grande imaginação para vislumbrar a terra como um globo interligado energicamente com as transmissões eletrônicas – um planeta em diálogo, aconchegado no silêncio providencial do espaço" (n. 1). A questão ética se coloca, então, "se a Internet está contribuindo para um desenvolvimento humano autêntico e ajudando os indivíduos e os povos a corresponder à verdade do seu destino transcendente" (n. 1). A Igreja é clara em afirmar aquilo que ela nunca pode abrir mão: o cuidado com a pessoa e a comunidade são os pontos centrais. E o texto não hesita em declarar que "o princípio ético fundamental é este: a pessoa e a comunidade humanas são a finalidade e a medida do uso dos meios de comunicação social" (n. 3).

A Igreja não desconhece que os *new media* "são instrumentos poderosos para o enriquecimento educativo e cultural, para a atividade comercial e a participação política, para o diálogo e a compreensão interculturais" (n. 1). Portanto, eles "podem servir inclusivamente à causa da religião. Contudo, esta moeda tem também o seu reverso", dispõe o documento, em seu n. 1, pois os meios de comunicação podem ser utilizados para construir o bem das pessoas, das comunidades, como, também, podem ser "usados inclusive para explorar, manipular, dominar e corromper". Mas a Igreja volta a insistir que em relação às mensagens veiculadas, em relação ao processo de comunicação, como também às questões de estrutura e de sistema no campo das comunicações, o princípio ético fundamental é a pessoa e a comunidade humanas.

Num segundo momento, o documento discorre sobre a Internet e, de modo geral, aponta uma série de características que este novo meio possui: é instantânea, imediata, de alcance mundial, descentralizada, interativa, expansível até ao infinito em termos de conteúdo e de alcance, flexível e adaptável a um nível surpreendente (n. 7). Considera-se também que ela é igualitária, isto é, qualquer pessoa que dispuser de equipamento e de uma básica capacidade técnica "pode constituir uma presença ativa no espaço cibernético, transmitir a sua mensagem para o mundo e reivindicar um seu auditório". O documento releva, também, que a Internet "permite às pessoas o luxo de permanecer no anonimato, de desempenhar uma determinada função, de devanear e também de formar uma comunidade com as outras pessoas e de nela participar" (n. 7). Pode prestar-se tanto à participação ativa como ao isolamento passivo num "mundo narcisista, que tem a si mesmo como ponto de referência, feito de estímulos cujos efeitos são semelhantes aos dos narcóticos" (n. 7).

A Igreja não desconhece que, "paradoxalmente, as mesmas forças que contribuem para o melhoramento da comunicação podem levar, de igual modo, ao aumento do isolamento e à alienação" (n. 8). Sim, ela pode unir as pessoas, como também dividi-las, seja em nível individual, seja em grupos, separados por ideologias, políticas, raças, etnias, diferenças de geração e até mesmo de religião (n. 9).

Uma terceira consideração do documento versa sobre algumas áreas de preocupação, que ocupam dos números 10 a 14 do texto. Quais seriam essas áreas apontadas pela Igreja, com respeito à ética?

Uma delas é a "divisão digital", que o documento afirma ser "uma forma de discriminação que separa os ricos dos pobres, tanto dentro das nações como entre elas mesmas, com base no acesso, ou na falta de acesso, às novas tecnologias de informação". Pois a razão de tal preocupação por parte da Igreja é que, à medida que a economia global avança, é preciso garantir "que neste processo vença a humanidade inteira e não apenas uma elite próspera que controla a ciência, a tecnologia, a comunicação e os recursos do planeta" (n. 10).

Outra área de preocupação está relacionada com as dimensões culturais. Isto porque:

> as novas tecnologias de informação e a Internet transmitem e contribuem para formar uma série de valores culturais – modos de pensar acerca dos relacionamentos sociais, da família, da religião e das condições humanas (n. 11).

O problema da liberdade de expressão na Internet é outra área de preocupação. Assim também o jornalismo *on-line* figura entre a série de preocupações apontadas pelo documento. Sabemos que, no novo contexto das tecnologias de comunicação, o jornalismo passa por profundas transformações. E a

> Internet é um instrumento eficaz para transmitir as notícias e informações às pessoas. Mas [...] a concorrência econômica e a natureza de continuidade do jornalismo através da Internet também contribuem para o sensacionalismo e a intriga, para a fusão de notícias, publicidades e divertimentos, bem como para o aparente declínio das reportagens e dos comentários sérios (n. 13).

Além das preocupações já mencionadas, a partilha das ideias e das informações constitui uma ulterior série de preocupações geradas pelo liberalismo. O documento é enfático quando afirma:

> A ideologia do liberalismo radical é tanto errônea quanto prejudicial – não em menor medida, quando visa tornar legítima a livre expressão ao serviço da verdade. O erro encontra-se na exaltação da liberdade *até ao ponto de se tornar um absoluto, que seria a fonte dos valores...* Deste modo, porém, a imprescindível exigência de verdade desaparece em prol de um critério de sinceridade, de autenticidade, de "acordo consigo próprio". Neste modo de pensar não há espaço para a comunidade autêntica, o bem comum e a solidariedade (n. 14).

Já na conclusão, o documento enfatiza algumas recomendações, em termos de responsabilidade, que elencamos, sumariamente, a seguir:

- responsabilidade dos usuários da Internet para um uso ponderado e disciplinado;
- dos pais na orientação dos filhos;
- da escola, formação para discernir o uso da Internet como educação (incluindo não apenas a formação da capacidade técnica, introdução à informática... mas capacidade de avaliação do seu conteúdo).

Ainda nas conclusões do documento, a Igreja manifesta a necessidade de uma regulação da Internet, pois, como afirma no n. 16, "a Internet não está mais isenta do que outros meios de comunicação das leis razoáveis contra linguagem ofensiva, a difamação, a fraude, a pornografia infantil" e outras ofensas. Por isso, a Igreja incentiva para:

- novos regulamentos;
- autorregulamentação;
- comissões de consulta sobre os meios de comunicação social;
- ação determinada nos campos particular e público, para pôr termo e eventualmente eliminar a divisão digital (*digital device*) entre ricos e pobres.

Na conclusão, o documento enfatiza que a Internet pode oferecer valiosa contribuição para a vida humana. "Há de promover a prosperidade e a paz, o crescimento intelectual e estético, além da compreensão recíproca entre os povos e as nações em nível mundial" (n. 18).

Percebe-se, neste documento, a atitude de abertura da Igreja, sem a pretensão de ditar decisões e escolhas, mas fornecer verdadeira ajuda, indicando critérios éticos e morais aplicáveis neste domínio; critérios que podem ser encontrados nos valores tanto humanos como cristãos. A Igreja ajuda a refletir que, na busca permanente de compreender a si mesmo, o ser humano, em todas as épocas, formula interrogações fundamentais: "Quem sou eu? Donde venho e para onde vou? Por que existe o mal? O que é que existirá depois desta vida?". Consciente de sua missão de anunciar ao mundo as respostas que ela mesma recebeu, aponta para aquele que, realmente, pode oferecer a resposta satisfatória aos mais profundos interrogativos da vida – Jesus Cristo, o protótipo da verdadeira comunicação.

O olhar sobre o novo cenário da comunicação: as transformações mais impactantes

Se até o presente momento consideramos os meios de comunicação "separados", entramos, agora, em um novo cenário no mundo da comunicação. É fácil perceber, mas, talvez, difícil de refletir o que significa a "fusão", a "integração", a "interatividade" que a cultura digital nos oferece. Este novo cenário exige, também, uma mudança na maneira de pensar, na maneira de produzir, entre tantas outras inovações. Em outras palavras, já não se trata de novos instrumentos, mas de um "novo ambiente" em que as pessoas se movem e se relacionam.

Comunicação: elemento que articula a mudança social

Assim encontramos a afirmação no número 484 do Documento de Aparecida, quando, ao referir-se à comunicação, a considera como um elemento articulador das mudanças sociais. Se prestarmos atenção em tudo o que se move, mesmo em termos de globalização, é a comunicação que está articulando, isto é, possibilitando, facilitando.

Para falar de comunicação, é preciso, antes de tudo, ter presente que há uma variedade e diversidade de definições a ela, isso porque, no decorrer do tempo, foi se adquirindo novos parâmetros junto a várias áreas como economia, política, filosofia e cultura, de modo que, para percorrer suas definições, seria necessário um tratado extenso e diversificado, mas também aberto, deixando espaço para a contínua mutação social que brota das novas tecnologias comunicativas. Mas mesmo com a diversidade de ângulos com que ela pode ser enfocada, encontramos um pensamento unânime entre os estudiosos da sociedade, quando indicam a comunicação como um aspecto essencial, que articula e move a lógica da mudança hoje.

Ao considerar, mesmo que brevemente, o "viajar" pela análise da mudança, tornam-se indispensáveis levar em conta dois aspectos importantes:

1. perceber a mudança tecnológica inserida no processo comunicativo. Ninguém duvida que a totalidade do universo da comunicação foi sensivelmente influenciada, nos últimos anos, pelas novidades técnicas que revolucionaram as características das modalidades operativas, dos valores e dos aspectos culturais. Desde a invenção da imprensa até nossos dias, com a realidade virtual.

Essas últimas modalidades, através da história, especialmente as evoluções tecnológicas são os resultados das tendências, das procuras, das criatividades, das descobertas do ser humano no nosso contexto cultural, a partir, pelo menos, dos anos 1960. Entre as grandes invenções na área da comunicação, nesse período, emergem as técnicas dos *computer graphics*, o lançamento do primeiro satélite utilizado para a comunicação (Telstar); nasce a ideia de lançar os sistemas de realidade virtual, descritos como mundos bem além de uma tela de cinema que, não obstante a sua natureza virtual, parecem reais, reagindo como um mundo real, podendo-se percebê-lo de forma real.

Nos anos 1970, algumas dessas tecnologias começaram a tomar forma. Surgem, por exemplo, nesses anos os primeiros videodiscos, as primeiras procuras no âmbito da alta definição, o nascimento do videotexto interativo, a difusão do uso do computador no campo profissional dentro das grandes administrações. Todavia, é nos inícios dos anos 1980 que as novas tecnologias informáticas começaram a inserir-se com certo destaque em toda a sociedade.

Em outras palavras, podemos afirmar que ocorreu um desenvolvimento maior, sobretudo, da microeletrônica, permitindo maior velocidade de cálculo e de operações cada vez mais complexas. Cria-se, assim, o computador pessoal (*personal computer*). Este fato foi definitivo nos caminhos de mudança, dando início a uma série de transformações que revolucionou a maneira de viver, o modo de trabalhar, enfim, o *personal computer*, como afirmam Gianfranco Bettetini e Colombo (1996). Não só foi elemento de transformação para o uso da informação, mas se apresentou também como instrumento de suporte para as outras atividades do indivíduo, ou seja, passou a fazer parte da vida das pessoas.

Na trajetória das transformações, a década de 1990 foi definida pelos estudiosos como década digital, isto é, um período no qual as tecnologias videodigitais foram amplamente utilizadas nos sistemas televisivos, seja na recepção, seja na transmissão de sinais. Nascia já em 1984 a palavra ciberespaço, inventada por William Gibson, e que pode ser definida, segundo Pierre Lévy (2000, p. 92), como:

> o espaço de comunicação aberto pela interconexão mundial dos computadores e das memórias dos computadores. Essa definição inclui o conjunto dos sistemas de comunicação eletrônicos, na medida em que transmitem informações provenientes de fontes digitais ou destinadas à digitalização.

Essas são inovações que trazem consigo vantagens indiscutíveis e notáveis progressos, também do ponto de vista sociocultural. As novas tecnologias da comunicação constituem um aspecto essencial da sociedade industrial avançada: dos bancos de dados aos instrumentos interativos, da alta definição à realidade virtual, do satélite à fibra ótica, do telefone celular ao fax, à Internet.

Neste ponto, na consideração histórico-evolutiva que mencionamos brevemente, é importante compreender que o panorama do desenvolvimento das tecnologias de comunicação apresenta, vertiginosamente, a própria comunicação como fenômeno complexo e articulado. O que é imprescindível perceber, entre todos os aspectos relevantes de tal evolução técnica, é que, mudando a tecnologia, muda a comunicação. Seria, portanto, um erro analisar os vários aspectos da nova comunicação com os critérios da época dos *mass media*. Certamente, não ignoramos o fato de que há uma relação entre os *mass media* e a *nova mídia* (*new media*), mas se trata de um universo novo, que requer também uma "mente interativa". É essa mente interativa que a nova geração possui. A divisão que se está formando na sociedade hoje não é somente entre os que possuem meios e os que não possuem tecnologias de informação. O verdadeiro *gap* (ruptura/cisão) é de tipo cultural/geracional; é um salto na linguagem.

Nesse sentido, torna-se imperativo pensar que a mídia abre novas possibilidades, não somente porque possibilita a informação mais rápida, mas ela permite (e provoca!) a criatividade para novos métodos de desenvolver a comunicação. Assim, por exemplo, se pensamos o hipertexto (uma série de textos interligados entre si), a escrita linkada com outras linguagens, música, design, imagens etc., a interatividade já se torna um hipermídia (cf. GOSCIOLA, 2003).

Não se trata simplesmente de adquirir um novo computador. A mudança consiste em uma passagem de uma "ideia" que possuíamos até o momento a respeito do texto, da leitura. Dá-se uma mudança de método, isto é, escrever não é mais oferecer simplesmente uma mensagem pronta que comunica a intenção do autor, mas oferecer material para o trabalho do leitor, que, agora, se transforma em "autor". Muda-se a forma de produzir. Muda, então, a função do chamado receptor. É o usuário que se serve, como deseja, dos produtos de consulta; pode escolher segundo os seus gostos e desejos. Assim, especialmente a hipermídia, favorece o desenvolvimento da interatividade de forma extraordinária. Trata-se não apenas de uma "novidade" a mais no mercado e, sim, de novas linguagens que já se encontram, progressivamente, na área da educação. Podemos perceber isto através dos cursos a distância que estão proliferando de forma crescente em todo o país. Chegamos a uma etapa na qual cada pessoa se transforma em um "nó" comunicativo coligado a todos os outros. Nessa perspectiva, não se poderá mais viver senão "em rede".

2. *A cultura midiática*: o segundo aspecto imprescindível que precisamos levar em consideração é a questão da cultura. Hoje, já começou a entrar no vocabulário comum a expressão "cultura midiática".

Mas o que isto quer dizer?

Antes de tudo, é preciso levar em consideração a evolução do conceito *mídia*. Todos sabem que a palavra mídia é uma palavra latina e é o plural de *médium*, que significa meio, portanto, *media* = meios. Com toda a evolução das tecnologias, surgimento de novos paradigmas, houve uma evolução na compreensão do que significa *mídia* na sociedade contemporânea. Hoje, mídia significa um sistema complexo que compreende: o sujeito (a pessoa), os artefatos (instrumentos), as organizações de mídia, as suas articulações (por exemplo, a publicidade, marketing etc.).[2]

Então, vem o segundo ponto. É sobre cultura. A comunicação, como cultura, é um fenômeno que marca a mudança de época neste início de milênio. É preciso dar-se conta de que a comunicação não é mais um conjunto de meios "singulares" (imprensa, jornal, cinema, rádio, televisão, computador etc.), mas tornou-se uma "ambiência vital", isto é, uma cultura que influi e na qual se move cada aspecto da vida individual e social.

Primeiramente, é bom dizer que cultura é uma das palavras mais difíceis de definir, não por falta de definições, mas por excesso; na realidade, trata-se de um dos mais complexos conceitos que existem. Mas, mapeando alguns episódios no desenvolvimento do conceito de cultura, podemos compreender sua grande evolução através dos tempos, adquirindo diferentes sentidos, incorporando novos sentidos conforme as épocas e os avanços dos estudos, principalmente na área da antropologia. Assim, podemos lembrar, brevemente, que com o sentido que ganhou nas primeiras discussões, especialmente aquelas entre os filósofos e historiadores alemães, durante o século 18 e 19, o termo *cultura* era usado geralmente em referência a um *processo do desenvolvimento intelectual ou espiritual*. O desenvolvimento e enobrecimento das nossas faculdades humanas. Este é o sentido clássico de cultura.

---

[2] LIVINGSTONE, Sonia Leah; LIEVROW, Leah (org.). *The handbook of New Media*. London: Sage Publications, 2002.

Com o aparecimento da disciplina da antropologia, a concepção clássica abriu caminho para vários conceitos antropológicos de cultura, despojando o conceito de sua conotação etnocêntrica e adaptando-o à etnografia.

Na *fase industrial*, e como *característica da modernidade*, temos a *Cultura de Massa*, como uma "profusão ilimitada dos signos". Ligada ao processo de desenvolvimento industrial e urbano, a comunicação de massa inicia a produção de um produto industrializado e hegemônico. Consequentemente temos uma cultura hegemônica. Neste contexto, a comunicação de massa *se transforma em produção e transmissão* de formas simbólicas. É uma grande mudança, profunda na sociedade, porque a comunicação de massa, como forma simbólica, começa a mediar a "cultura moderna". É a fase industrial.

Já na pós-modernidade, a comunicação chegou a constituir-se como uma nova ambiência, um conjunto de valores, uma forma nova de viver, de nos movimentar, de nos socializar. E isto é, do ponto de vista antropológico (nossas crenças, nossos estilos de vida, nossos costumes etc.), uma cultura midiática (é bom sempre lembrar o que foi mencionado anteriormente sobre a evolução do conceito mídia), isto é, a comunicação que realmente se constitui em um elemento articulador que gera, administra, sustenta, desenvolve e ancora todos os aspectos de vida/sociedade que vivemos na sociedade contemporânea.

Enfim, ousamos dizer que estamos submersos na

> [...] cultura midiática, especialmente porque as novas tecnologias da comunicação nos colocam em um novo território de vivência humana, em que a mente se encontra imersa em um mundo virtual, circunscrita a várias dimensões e mesclada de conexões inter-humano-digitais, mediada por complexo sistema de informações em crescimento exponencial acelerado[3] (BOCCARA apud GOSCIOLA, 2003).

Sem dúvida, estamos diante de uma "revolução perceptiva e cognitiva". Segundo André Lemos (2002), a cultura contemporânea, associada às tecnologias digitais (ciberespaço, simulação, tempo real, processos de virtualização etc.), cria de forma crescente uma nova relação entre a técnica e a vida social que denominamos de cibercultura.

---

[3] Ernesto Giovanni Boccara (Instituto de Artes da Unicamp), na apresentação do livro *Roteiro para as Novas Mídias*.

E, hoje, ainda segundo o autor, uma verdadeira estética do social cresce sob nossos olhos, alimentada pelas tecnologias do ciberespaço (LEMOS, 2002).

Participamos, assim, de uma realidade nunca antes vivenciada, a do *Homo media*, como afirma Vicente Gosciola (2003), entendida como aquela em que "o ser humano não só está entre os meios de comunicação, mas interage com eles e neles interfere".

A cultura digital ou cibercultura

A cibercultura é a nova forma da cultura. Entramos hoje na cibercultura como penetramos na cultura alfabética há alguns séculos. Entretanto, a cibercultura não é uma negação da oralidade ou da escrita, ela é o prolongamento destas; a flor, a germinação, como afirmou Pierre Levy na apresentação do livro de André Lemos, citado já neste texto.

Na verdade, cultura digital, ou cibercultura, são nomes que marcam a cultura contemporânea, especialmente a partir da década de 1970, com o surgimento da microinformática. É a microinformática que vai dar o tom planetário, "que ganha uma dimensão mais radical com o surgimento das redes", afirma o pesquisador André Lemos (2002, p. 137).

No dizer do sociólogo, é, então, essa cultura do telefone celular, dos computadores, das redes, dos micro-objetos digitais que funcionam a partir do processo eletrônico digital. Em outras palavras, a cibercultura seria a cultura contemporânea, onde os diversos dispositivos digitais já fazem parte da nossa realidade. Não raro, ao falar de cibercultura, tem-se uma ideia futurista, uma ideia de ficção científica. Mas, na realidade, trata-se da cultura hoje marcada por essas ferramentas eletrônicas (LEMOS, 2002).

Nas observações do pesquisador, o que alterou substancialmente é a nossa relação com os objetos técnicos na atualidade, ou seja, pela primeira vez, talvez, temos o digital, a dimensão técnica colocada à dimensão da comunicação. Por isso, a importância de considerar que se trata de tecnologias não apenas da transformação material e energética do mundo, mas elas permitem a transformação comunicativa, política, social e cultural. Pois conseguimos, segundo Lemos, transitar informações, bens simbólicos, não materiais, de uma maneira inédita na história da humanidade.

Daí o ciberespaço: o espaço de comunicação aberto pela interconexão mundial dos computadores e das memórias dos computadores. A comunicação acontece através de mundos virtuais compartilhados: Internet, interatividade, realidade virtual, *blog*, *podcast*, redes sociais (*network*...).

Teoria interacional: a trajetória dos vários modelos de comunicação

Neste capítulo, estamos fazendo um caminho de grande importância para compreendermos como chegamos àquilo que chamamos de midiatização e que vivemos, atualmente, na sociedade contemporânea. Acreditamos que pouco adiantaria se iniciássemos pela definição de midiatização (ainda em construção), se não tivermos em conta as variáveis que ocasionaram a mudança de paradigmas na comunicação, pois, como mencionamos anteriormente, as novas tecnologias vão mudando a comunicação, ou seja, a sua própria natureza. E um dos principais motivos da escolha do percurso que estamos fazendo é para que, ao perceber a mudança, as transformações da cultura midiática, possamos também transformar nossa mentalidade, uma vez que não é mais possível dialogar com as pessoas de hoje, principalmente as novas gerações, se não estivermos *dentro* da cultura digital. Isto exigirá mudança de métodos na própria evangelização.

Portanto, diante da complexidade do que significa comunicação, da sua evolução de conceitos e paradigmas, é preciso considerar o surgimento de uma nova *visibilidade* que está definitivamente relacionada a *novas maneiras de agir e interagir* trazidas com a mídia. É o que John B. Thompson nos ajuda a refletir em seu artigo "A nova visibilidade" (2008).

É preciso entender os caminhos pelos quais o avanço das mídias comunicacionais transformou a natureza da interação social. E novamente o sociólogo inglês Thompson mostra em seu livro *A mídia e a modernidade* (2010) uma perspectiva que pode ser entendida como uma "teoria interacional" da mídia, pois o autor analisa os meios de comunicação em sua relação com as formas de interação que eles tornam possíveis e das quais eles são parte.

Pensemos, por exemplo, na "interação" que as redes sociais propiciam. Segundo o sociólogo,

[...] as mídias comunicacionais não se restringem aos aparatos técnicos usados para transmitir informações de um indivíduo a outro enquanto a relação entre eles permanece inalterada; ao contrário, usando as mídias comunicacionais "novas" formas de agir e interagir são criadas (THOMPSON, 2010, p. 17).

E o que são essas formas de agir e interagir?

Segundo o estudioso Rovilson R. Britto (2009), para compreendermos melhor como se dá esse processo de midiatização, é preciso entender as variadas formas de comunicação. Vemos assim um cenário em que se destacam ao menos *três grandes modelos (tipos) de comunicação*, os quais implicam uma mudança de mentalidade. São eles: a comunicação dialógica presencial; a comunicação de massa; a comunicação dialógica não presencial.

É preciso considerar, entretanto, que o surgimento de um novo modelo comunicacional não representa o desaparecimento do anterior. Ao contrário, representa a ampliação de formas comunicacionais e novas combinações da comunicação na sociedade. Portanto, além de procurar entender os nexos de um modelo comunicacional específico, é preciso ver também qual o papel que o mesmo desempenha na relação com os outros modelos.

Os modelos que apresentamos aqui se baseiam na demonstração que o estudioso Rovilson Britto apresentou em seu livro *Cibercultura: sob os olhares dos Estudos Culturais* (2009), dos quais nos servimos e comentamos, devido à sua clareza de exposição. Vejamos.

COMUNICAÇÃO DIALÓGICA PRESENCIAL

COMUNICAÇÃO: 3 grandes modelos

- A comunicação DIALÓGICA PRESENCIAL

O *primeiro* modelo comunicacional que iremos registrar é o da comunicação dialógica presencial. O modelo da comunicação é aquele que chamamos de interação face a face e que percorre largos tempos históricos para chegar até aqui.

> Nesse tipo de interação, os integrantes estão presentes de forma direta um para o outro e compartilham de uma estrutura espaço-tempo comum; em outras palavras, a interação acontece num contexto de copresença. A interação face a face é "dialógica" tipicamente, no sentido de que geralmente implica um fluxo comunicativo e informativo de duas vias; um dos indivíduos fala com o outro (ou outros) e a pessoa a quem ele se dirige pode responder (pelo menos em princípio), e dessa forma o diálogo se desenrola (BRITTO, 2009, p. 115).

Ainda segundo Britto (2009, p. 115):

> Outra característica da interação face a face é que ela geralmente contempla uma multiplicidade de referências: as palavras podem ser complementadas por gestos, expressões faciais, variações de entonação etc., com o objetivo de transmitir mensagens e de interpretar mensagens das outras pessoas.

Talvez o traço mais importante deste modelo comunicacional seja a forma de troca, de compartilhamento. Ao permitir a interação, o diálogo, este modelo foi e é fundamental para o desenvolvimento de todo o pensamento humano, se compartilharmos a visão de que o mesmo se dá a partir do conflito de ideias e de seu aprimoramento. É neste processo que evolui o pensamento e, consequentemente, a própria pessoa.

Naturalmente que tal diálogo acontece sempre em um contexto, portanto, com uma mediação social e cultural. Claro que para haver diálogo são necessários códigos comuns ou aquilo que dizemos em linguagem popular "universo comum", isto é, se uma pessoa fala algo que a outra não entende, por exemplo, uma língua diferente, não há praticamente universo comum; então, a comunicação não se dá por inteiro, mesmo que existam os gestos. Em síntese, apesar do surgimento de novos modelos comunicacionais, juntamo-nos àqueles que veem o modelo dialógico presencial como fundante e decisivo para dar a tônica ao todo comunicacional. Os demais modelos buscam de alguma forma simulá-lo. Por isso, os modelos seguintes têm sempre presentes elementos dele (mesmo que não sejam completos), pois dependem da repercussão da comunicação realizada neste modelo todas as demais pretensões de comunicação.

COMUNICAÇÃO DE MASSA

Um *segundo* modelo que apresentamos é o da comunicação nas chamadas *mídias tradicionais de massa*, o qual envolve cinema, rádio, televisão. Foi o modelo que deu origem às primeiras teorias da comunicação. Teve papel marcante no século passado e ainda é o principal referencial de comunicação na sociedade atual.

As características fundamentais deste modelo são: comunicação mediada pela técnica; ausência de diálogo, apesar de existir troca de sentidos. Este modelo é chamado por John Thompson (2010) de "quase interação mediada", pois as formas simbólicas são geradas visando a um número indefinido de receptores potenciais. É altamente monológica. Não tem o mesmo nível de reciprocidade e de especificidade interpessoal de outras formas de interação, seja mediada, seja face a face. Superou fronteiras geográficas e culturais, transformou a circulação de bens simbólicos num grande mercado, com crescente importância econômica, e com influência social indiscutível.

Hoje é inimaginável a sociedade que temos sem o papel desempenhado por este modelo comunicacional. Produzidos cada vez em um número de centros mais reduzidos e difundidos de maneira nacional e mundial, os produtos deste modelo guardam a intencionalidade de seus produtores e a lógica impessoal (ou, para ser mais preciso, industrial) de sua produção.

É importante notar que neste modelo se desenvolve a *unilinearidade* do Emissor para o Receptor (o *feedback* é muito restrito e somente para realimentar a fonte); portanto, praticamente não há interatividade. Há o consumo. Observemos que, praticamente, todos os métodos de ensino, de pastorais, enfim, da sociedade em geral e, portanto, das mais variadas instituições, estão baseados nessa unilinearidade (poderíamos dizer assim: uni = único, línea = linha, portanto, linha única de A para B).

COMUNICAÇÃO DIALÓGICA NÃO PRESENCIAL

O *terceiro* modelo é o da comunicação dialógica não presencial, que tem origem recente e, portanto, revela-se como um elemento novo, que reestrutura o todo comunicacional em outros termos, já que tem influência crescente. Observemos que volta a palavra *diálogo*.

A marca essencial deste novo modelo é a combinação da relação dialógica com a mediação técnica, permitindo a simulação do primeiro modelo de comunicação por cima de barreiras de tempo e espaço.

Trata-se, segundo Thompson (2008), de "variações de uma interação mediada por computador". Temos, então, a cultura digital. Os cursos a distância, por exemplo, são um diálogo não presencial. Os bate-papos, as redes sociais etc. são um diálogo não presencial.

É preciso dizer que este novo modelo guarda as características mais positivas de seus precedentes: a questão dialógica como construtora do desenvolvimento do conhecimento e da subjetividade e a mediação das técnicas permitindo superar barreiras geográficas. Entretanto, é preciso ressaltar, também, o que ela não contém: a presença, fator importante da confiabilidade dialógica; e a difusão ampla, própria do modelo de comunicação de massa, já que a relação dialógica pressupõe recorte e definição de interlocutores (BRITTO, 2009).

O *ciberespaço* é a dimensão social em que se realiza este novo modelo de comunicação, através de *chats, e-mails,* teleconferências, listas de discussão etc. Dentro dele se realiza, também, uma comunicação no modelo de massa, mas pesquisas recentes demonstram que a maioria dos acessos visa à relação dialógica não presencial.

Assim, todas as teorias que buscavam refletir sobre o modelo dialógico presencial, sobre o modelo de comunicação de massa ou sobre a relação de ambos, *estão agora desafiadas a entenderem o novo modelo e levá-lo em conta na nova configuração do todo comunicacional (uma nova visibilidade)*, procurando iluminar suas ligações e o papel de cada modelo dentro dele.

O que seria essa nova visibilidade?

Puntel

NOVA ESFERA CONVERSACIONAL

Nos novos formatos comunicacionais pós-massivos, a conversação (consumo, produção e distribuição de informação) pode levar a uma maior ação política, a uma ampliação da participação pública.
Trata-se da conversação "no mundo da vida".
WEB é, ao mesmo tempo, a ferramenta social e o espaço em que as relações ocorrem.

Daí a decorrência de que não se trata somente de "novidades" das tecnologias, mas "está nascendo uma nova maneira de aprender e pensar".

Nativos digitais (digital natives) = "aqueles que nasceram com" (até + ou – 20 anos).
Imigrantes digitais (digital immigrants) = os que chegaram depois para as novas tecnologias da web.

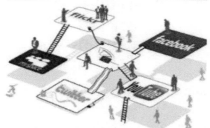

Eles comunicam, trocam, criam, se encontram, coordenam suas atividades, aprendem, analisam, evoluem e crescem de forma diferente. Seus jogos não são mais os mesmos, e a sua forma de escrever os programas não é mais a mesma.

Existem autores como Scott Lash (2005), mas começa a ser consenso entre os pesquisadores que a vida social antes concebida como um organismo agora é um sistema tecnológico, no qual somos partes integrantes das formas tecnológicas de vida. E é impossível escapar dessa condição.

Vivemos, então, em uma sociedade envolta em uma infinita rede comunicativa em que as pessoas do planeta inteiro podem entrar em contato umas com as outras. Como já mencionamos, cada ser humano se transforma em um "nó" comunicativo, coligado aos outros. E a sociedade em rede é uma sociedade de fluxos, os movimentos se realizam nas mais diversas direções, e não por um caminho reto, isto é, não por uma linearidade. Pode-se dizer, também, que nasce uma cultura a distância. E como explicamos no tópico cultura midiática, ela cria e recria as relações humanas na sociedade em que vivemos, dando para as pessoas algo nunca vivido anteriormente. Está se formando um "novo sujeito". E as palavras (e conceitos) que permeiam esse novo processo comunicativo são: interatividade, interconexão, inter-relação.

O que é a midiatização? Um novo cenário

A midiatização da sociedade é, hoje, um elemento central, porque o que caracteriza o comunicacional é uma preocupação com os fenômenos da interação humana, independentemente dos vários olhares, muito diferenciados, com que se pode olhar a mídia. Na verdade, como diz o pesquisador e professor de Pós-graduação da Unisinos de S. Leopoldo (RS), Antônio Fausto Neto, "a midiatização é um conceito em formação e desenvolvimento". Por este motivo, nesta parte do texto, precisamos trafegar com vários teóricos da comunicação, que estudam os novos fenômenos, já que midiatização é algo que já estamos vivendo na sociedade contemporânea, mas, do ponto de vista teórico e acadêmico, se apresenta como algo novo no seu estudo. E como afirma outro pesquisador da mesma Universidade, Pedro Gilberto Gomes (2009), também em entrevista à Revista *Humanitas*, "isso muda substancialmente a produção e reprodução do conhecimento".

Como podemos perceber, a dedução de tais afirmações nos fazem pensar o quanto foi importante percorrer os passos anteriores para poder chegar ao ponto em que estamos. Pelo contrário, seria muito difícil entrar por essa complexidade, que exige novos conhecimentos, novas relações, novas tecnologias, novas maneiras de relacionamento, a cultura midiática, entre tantas outras variáveis.

Quanto à midiatização, é difícil datar o surgimento do termo "midiatização". O pesquisador José Luiz Braga (2009) explica que, quando se começava a falar na palavra "midiatização", muitas vezes era para significar a forte presença da mídia na sociedade. A sua antecedente era a expressão "midiatizada". Nasceu daí a ideia de que vivemos em uma sociedade midiatizada ou midiática. É bom lembrar, porém, que essa ideia parte de uma ação da mídia sobre a sociedade. Ao passo que "o foco em midiatização, como objeto central de estudo, é bem recente, dos últimos dez, doze anos".

Para esse pesquisador:

> É um desafio definir e pensar o que seria midiatização ou comunicação em uma perspectiva macro. Em uma perspectiva micro é relativamente simples, pois temos processos sociais que já existiam sem a mídia e, portanto, as interações ocorriam fora de qualquer interferência midiática (BRAGA, 2009).

É só pensarmos no primeiro modelo de comunicação que vimos anteriormente. Acontece que, aos poucos, esses processos passam a ser midiatizados, perpassados pela mídia. Braga dá um exemplo esclarecedor, citando o Carnaval no Rio de Janeiro.

O Carnaval se organiza como festa de rua. Num determinado momento, começa a ser mostrado. Num outro momento ainda, ele se organiza em função da mídia. Os eventos passam a se organizar segundo o olhar midiático. Houve, então, uma midiatização (BRAGA, 2009).

Como afirma outro grande pesquisador, Muniz Sodré (2002), não há dúvida de que a sociedade contemporânea está imersa em um espaço midiatizado e que é regido pelas novas tecnologias e moldado pelo virtual. O que ocorre (e é o "novo"!) é que a comunicação centralizada, unidirecional (unilinear) e vertical é transformada, especialmente, pela ambiência proporcionada pelas redes digitais. Nesse contexto, a mídia deixa de ser um campo fechado em si, de utilidades apenas instrumentais, e passa à condição de produtora dos sentidos sociais.

É ainda o pesquisador Muniz Sodré (2006, p. 19) quem afirma:

> De fato muda a natureza do espaço público, tradicionalmente animado pela política e pela imprensa escrita. Agora, formas tradicionais de representação da realidade e novíssimas (o virtual, o espaço simulativo ou telerreal) interagem, expandindo a dimensão tecnocultural, onde se constituem e se movimentam *novos sujeitos sociais*. Transmitida em tempo real, uma fórmula já antiga, como o noticiário jornalístico, torna-se estratégica nos termos globalistas do mercado financeiro: um pequeno boato pode repercutir como terremoto em regiões do planeta fisicamente distantes.

Dentro da cultura digital (e não mais *diante* da cultura digital, pois somos partes integrantes dela!) cada ser humano se transforma em um "nó" comunicativo. Mudam as relações. Há um novo sujeito.

Para Pedro Gilberto Gomes, o novo modo de ser a que nos referimos, no mundo, está relacionado com o fato das novas gerações: hoje, elas já são nativas digitais. "Este é um modo de ser em rede comunicacional. Há um processo, pode-se dizer, de superação da existência individual para o estabelecimento de um corpo coletivo." Por isso, Gomes (2009) diz ainda que "a tecnologia digital está colocando a humanidade num patamar distinto. Este patamar, muito embora tenha raízes no progresso anterior, representa a constituição de uma nova ambiência social".

Na continuação da sua reflexão, Gomes considera que tal fato é "um salto qualitativo porque representa um estágio superior do qual não há volta". Se raciocinarmos bem, perceberemos que a invenção do alfabeto foi um salto qualitativo com respeito à oralidade, assim como a eletricidade foi um salto com respeito ao vapor; agora, a tecnologia digital está colocando as pessoas em uma nova ambiência social. E isto, segundo Gomes (2009), implica uma "nova tecnologia preceptiva e mental. Portanto, um novo tipo de relacionamento do indivíduo com as referências concretas e com a verdade, ou seja, outra condição antropológica".

Na explicitação de Maria Cristina Matta (2010), referindo-se à mudança do relacionar-se, consta que:

> Agora existe um teatro de arena, onde não mais se fala de palco e de plateia, pois é impossível pensar uma realidade sem palco, uma vez que ele abarcou tudo. As pessoas não distinguem mais a sua vida separada do palco, sem ele. Se um aspecto ou fato não é midiatizado, parece não existir.

Muda a posição, então revolucionária:
do palco à plateia.

AGORA existe um teatro de arena:
o palco abarcou tudo

Puntel

Em outras palavras, Muniz Sodré (2009) afirma "que está se gerando uma nova ecologia simbólica", isto é, há uma alteração nos modos de percepção e práticas correntes na mídia tradicional; uma alteração nos comportamentos e atitudes na esfera dos costumes normalmente pautados pela mídia. Surge, antão, no entender de Sodré (2009), um novo *éthos*: um novo *habitat*, uma atmosfera afetiva (emoções, sentimentos, atitudes) em que se movimenta uma determinada formação social.

> O *éthos* caracteriza-se pela manifesta articulação dos meios de comunicação e informação com a vida social. Ou seja, os mecanismos de conteúdos culturais e de formação das crenças são atravessados pelas tecnologias de interação ou contato (SODRÉ, 2009).

Mais uma abordagem, que se soma às já mencionadas, é a do pesquisador que vem estudando o fenômeno da midiatização em profundidade: Antonio Fausto Neto. Com muita clareza, assim ele se expressa sobre o processo da midiatização:

> Nós vivemos crescentemente uma sociedade que está, de maneira complexa, atravessada por mídias, sejam as mídias nas suas características mais convencionais ou as mídias que vão tomando formato, no contexto da convergência digital, por exemplo. A midiatização seria a incidência de técnicas e tecnologias de linguagem sobre a vida social, sobre a organização socioafetiva e sociopolítica (FAUSTO NETO, 2009a).

Portanto, a midiatização, na visão do pesquisador, pode ser conceituada como:

> [...] a emergência e o desenvolvimento de fenômenos técnicos transformados em meios, que se instauram intensa e aceleradamente na sociedade, alterando os atuais processos sociotécnico-discursivos de produção, circulação e de recepção de mensagens (FAUSTO NETO, 2009a).

As mutações que a midiatização opera e a que se refere o pesquisador é a de que ela "produz mutações na própria ambiência, nos processos, produtos e interações entre os indivíduos, na organização e nas instituições sociais". E resume: "Trata-se de ascendência de uma determinada realidade que se expande e se interioriza sobre a própria experiência humana, tendo como referência a própria existência da cultura e da lógica midiáticas".

Considerando o quadro evolutivo da trajetória da comunicação, nas suas diferentes fases, a comunicação chegou, hoje, a constituir-se como um fenômeno que não somente é "usufruído", mas que vem definido como uma cultura, a cultura midiática, como explicitamos anteriormente. Ou seja, aquele "ambiente vital", "o conjunto de valores", o "estilo de vida" que realmente constitui o elemento articulador que gera, administra, apoia, impulsiona e sustenta aqueles aspectos mencionados precedentemente. Estamos assistindo à aurora de uma nova organização da vida coletiva e pessoal.

Estamos imersos no fluxo da comunicação midiatizada como se fosse "num aquário". Ninguém é excluído do contato. Mudam os conceitos de tempo e espaço. Trata-se de uma revolução pervasiva que pesa nos conteúdos do pensamento, sobre a experiência da vida cotidiana e sobre as estruturas mesmas da pessoa até o ponto de determinar uma nova compreensão da realidade. Isto influi na vida das pessoas e na missão que somos chamados a desenvolver na Igreja e no mundo.

A visão atual e de futuro que nos propõe a sociedade, na sua mudança de época, e que os setores mais comprometidos da Igreja nos impulsionam a levar em consideração, é a de compreender a comunicação social como um *fenômeno cultural* do nosso tempo. Este exige, sobretudo, formação cultural, ou seja, um conceber a comunicação ultrapassando a visão tradicional da mesma, não a reduzindo mais ao simples uso dos instrumentos. Trata-se de uma consideração mais ampla, que inclui os processos e linguagens da comunicação.

Sugestão para refletir e agir

1. Quais são os pontos centrais que você descobriu no documento *Igreja e Internet*? O que eles lhe dizem, a esta altura da nossa disciplina?
2. O documento *Ética na Intenet* é uma preocupação na evangelização, por parte da Igreja. Quais são as principais recomendações levantadas neste campo da cultura digital?
3. Quais são as transformações mais impactantes que você observou ao seu redor, no campo da mídia? Você já se deu conta de que elas alteraram a maneira de viver das pessoas? Como?
4. A partir do texto, como você define, com suas palavras, o que é midiatização?
5. Como você percebe o processo comunicativo (os três modelos apresentados no texto) e "entra" na cultura digital, ou seja, nas redes sociais? Você já está dentro de alguma delas? Como você se percebe? E como percebe as pessoas que estão "dentro" das redes sociais?

Capítulo 5
Evangelização e midiatização: uma integração necessária para o diálogo entre fé e cultura

Desafio crescente se coloca para os cristãos dos nossos dias: convencer-se e praticar a integração: evangelização e midiatização dentro do contexto da cultura digital, como condição de diálogo entre fé e cultura. A Igreja continua insistindo, em seus documentos, em sua visão atualizada, sobre a necessidade de formar-se para a comunicação. Tal fato não é algo descartável, mas deve estar presente na "nova evangelização".

Há uma visão nova sobre a cultura digital por parte da Igreja. O esforço para aprofundá-la e torná-la prática é intenso das mais variadas formas: congressos, encontros, exemplos de pessoas que "estão na cibercultura" comunicando-se. O problema é sempre a mentalidade e a não superação, também por parte de líderes da Igreja, do simples "uso dos meios" para uma visão global da comunicação.

Permanece válido o convite de Bento XVI para perceber que está nascendo um "novo sujeito" com o qual a "fé" deve se relacionar na evangelização. Estão surgindo novas maneiras de pensar, de ensinar. Vivemos outra lógica. Isto toca a evangelização, como o Papa Bento XVI demonstra nas mensagens para o Dia Mundial das Comunicações e em sua insistência para uma evangelização dentro da cultura digital.

Na integração "Evangelização e midiatização", um diálogo possível[1]

Após as etapas precedentes percorridas nesta obra, de maneira especial a complexidade das transformações no campo da mídia, provocando mudança não somente nas organizações administrativas e de mercado, mas *alterações na convivência do humano* na sociedade atual, e que implicam novas linguagens e narrativas, é possível afirmar que comunicação e evangelização não podem trilhar seus caminhos de forma paralela, sem realizar um estreito e efetivo diálogo (o diálogo entre fé e cultura, já evidenciado na *Evangelii Nuntiandi*, por Paulo VI, e por João Paulo II na *Redemptoris Missio*). O desenvolvimento de uma cultura midiática e os apelos para uma nova evangelização trazem consigo o imperativo da integração.

Parece-nos que o *eixo fundamental* para uma nova evangelização reside no fato de compreender o que significa encontrar-se diante de uma verdadeira "revolução" tecnológica que exige ir além dos instrumentos e tomar consciência das "mudanças" fundamentais que as novas tecnologias operam nos indivíduos e na sociedade, por exemplo, nas relações familiares, de trabalho e, portanto, na educação, na evangelização.

A questão não se coloca, portanto, entre o aceitar ou rejeitar. Estamos diante de um fenômeno global que se conjuga com tantos outros aspectos da vida social e eclesial. As palavras de João Paulo II na Encíclica *Redemptoris Missio* consideram o universo da comunicação social como o "primeiro areópago do tempo moderno" e proclamam a necessidade de superar uma leitura simplesmente instrumental das mídias. Diz o Papa: "Não basta usar (os meios) para difundir a mensagem cristã [...], mas é preciso integrar a mensagem mesma nesta 'nova cultura' criada pela comunicação social" (n. 37c). Daí o Documento de Aparecida (n. 484) nos pedir para compreender e valorizar a nova cultura da comunicação.

Acontece frequentemente que nos encontremos despreparados ou na esteira de modelos ultrapassados de comunicação. Um dos grandes desafios, na nossa opinião, reside no seguinte: não se trata apenas de nos prepararmos "profissionalmente" para o uso das novas tecnologias e assim sabermos "mecanicamente" operacionalizar as novas invenções.

---

[1] Recuperam-se, neste capítulo, trechos de conteúdos publicados pela autora na obra *Comunicação: diálogo dos saberes na cultura midiática*, com objetivo metodológico para análise e reflexão sobre o discurso progressivo da Igreja em relação à comunicação.

Pois a questão de fundo já não é apenas reconhecer que os meios de comunicação passaram, em pouco tempo, de emergentes na vida social para uma centralidade na maneira de estruturar e explicar essa vida social. A questão de fundo ultrapassa o "reconhecer", mas reside na sua significação, ou seja, no seu lugar social.

Não basta apenas dispor de meios ou de um treinamento profissional; a *formação cultural*, doutrinal e espiritual torna-se indispensável, bem como considerar a comunicação mais do que um simples exercício na técnica, como afirma um dos últimos documentos da Igreja *Ética na Internet* (n. 11,3). A encruzilhada se dá no fato de que precisamos da competência e prudência para não deslanchar somente no campo da potencialidade das novas tecnologias da comunicação, mas no discutir e refletir sobre suas implicações, seja do ponto de vista eclesial, social, cultural, seja econômico e político, e assim atuar com uma prática que se demonstra firme, convicta, competente e adequada, sabendo conjugar nossa responsabilidade socioeclesial com as diferentes linguagens existentes no processo comunicativo. O que vimos anteriormente sobre a "midiatização" explicita bem como a Igreja não pode prescindir de estar presente e "lidar" com a complexidade que surge na cultura midiática, mas que é a centralidade do que nos move hoje, sob todos os aspectos da vida cotidiana.

Refletir e estabelecer "eixos essenciais" que norteiem nossa prática de agentes sociais (e pastorais), com coesão de princípios (sempre renovados!) e aplicados de forma inculturada e que ajudem as pessoas a viverem a sua fé de forma autêntica e completa sem o peso total na emoção, é realizar a integração entre evangelização e midiatização.

Por isso, é importante ter em conta que a apropriação humana das capacidades técnicas não é uma mera aprendizagem da manipulação técnica dos dispositivos; pressupõe uma indagação e um questionamento acerca do que significa entrar em uma sociedade midiatizada, encontrar-se diante e entrar em um novo patamar, encontrando um novo sujeito na contemporaneidade das relações. Um sujeito que fala diferente, que pensa diferente, que aprende diferente, que ensina diferente. É uma verdadeira revolução.

Devido a essa grande e complexa revolução, julgamos importante fazer o *link* com o capítulo precedente, onde abordamos a questão da midiatização. Vejamos, então, como o estudioso Antonio Fausto Neto (2009), uma vez perguntado sobre como aplica o processo de midiatização ao cenário brasileiro, responde:

Talvez o Brasil seja o país no qual mais o campo religioso tem permeado suas práticas pela presença de operações de mídia. Este fato tem a ver com vários fatores intrínsecos à vida das instituições, mas, sobretudo, o fato do exercício da vida religiosa se organizar em torno de algo que chamamos um novo e complexo mercado discursivo no qual se travam disputas de sentido nas quais a noção de crença é redesenhada a complexos processos de experimentação. Penso que a "economia do sensível" promovida pela emergência de linguagens, técnicas e operações midiáticas, favorece uma nova "cultura do contato" e que se expande até mesmo nos rituais onde o contato estaria a serviço do "contrato", este enquanto ofertador das condições sobre as quais organizávamos nossas possibilidades de crer. Hoje, crer não requer abstração, na medida em que a vida midiática une de formas totalmente novas o profano e o sagrado. A midiatização produz mais incompletudes do que as completudes pretendidas, e é bom que seja assim.

Seguindo a reflexão, voltada mais para o campo religioso, no entender de Pedro Gilberto Gomes (2008), não seria prudente ignorar o fato da midiatização e tratar o problema como se fosse uma questão de dispositivos tecnológicos ligados à dimensão econômica e política. A questão, hoje, não pode ressuscitar problematizações da década de 1970, uma vez que a realidade avança e nos traz propostas e problematizações novas.

Gomes enfatiza que, quando entram no mundo da mídia, as Igrejas não levam em conta que o processo mudou.

> Os dispositivos tecnológicos, tão importantes, são apenas uma pequena parte, a ponta visível do iceberg, de um novo mundo estruturado pelo processo de midiatização da sociedade. Estamos vivendo hoje uma mudança de época, um câmbio epocal, uma nova inflexão, com a criação de um *bios* midiático que toca profundamente o tecido social. Surge uma nova ecologia comunicacional. É um *bios* virtual. Muito mais que uma tecnointeração, está surgindo um novo modo de ser no mundo representado pela midiatização da sociedade (2008, p. 20).

A midiatização é a reconfiguração de uma ecologia comunicacional (ou um *bios* midiático). Torna-se (ousamos dizer, com tudo o que isso implica) um princípio, um modelo e uma atividade de operação de inteligibilidade social. De outra maneira, conforme o pensamento de Gomes (2008, p. 21),

> a midiatização é a chave hermenêutica para a compreensão e interpretação da realidade. Nesse sentido, a sociedade percebe e se percebe a partir do fenômeno da mídia, agora ampliado para além dos dispositivos tecnológicos tradicionais. A mídia, então, passa a ser um lócus.

Isso é tão imperioso que levou a pesquisadora chilena Maria Cristina Matta (2010) a afirmar

> [...] que a posição, até então revolucionária, do *palco à plateia* perde seu sentido e é superada. Agora existe um teatro de arena, onde não mais se fala de palco e de plateia, pois é impossível pensar uma realidade sem palco, uma vez que ele abarcou tudo. As pessoas não distinguem mais a sua vida separada do palco, sem ele.

Aceitar a midiatização como um novo modo de ser no mundo põe-nos numa nova ambiência que, como mencionávamos anteriormente, mesmo que tenha fundamento no processo até agora desenvolvido, significa um salto qualitativo no modo de construir sentido social e pessoal; pois a tecnologia midiática é uma ambiência que trabalha na construção de sentido, induzindo uma forma de organização social (GOMES, 2009).

Quando olhamos em volta, logo percebemos o quanto a nossa sociedade está repleta, num caminho ascendente, de pequenas janelas digitais que atraem nossa atenção. "Janelas" que prometem notícias, avisos, diversão, recados de amigos. São os visores dos celulares, palmtops, terminais eletrônicos nos bancos, aparelhos de fax, bips, espaços de informações em shoppings e aeroportos, computadores e televisão digital, "GameBoys" e "Tamagochis", network (redes sociais), facebook, twitter etc.; entretanto, todos têm em comum o fato de que só conversam conosco se sabemos manipulá-los.

Considerando o quadro evolutivo da trajetória da comunicação, mencionado diversas vezes ao longo da nossa disciplina, e a provocação que a cultura midiática cria e recria na sociedade hoje, damo-nos conta de que algo, nunca vivido anteriormente, está se passando e "forjando um novo sujeito" na sociedade, onde permanecem necessidades fundamentais do ser humano, mas modificam-se rápida e profundamente a sua forma de se relacionar. É o que constitui o aspecto antropológico-cultural da mensagem de Bento XVI em seu tema "Novas tecnologias. Novas relações. Promover uma cultura de respeito, de diálogo e de amizade" (43º Dia Mundial das Comunicações, 2009).

Ele afirma:

> O desejo de interligação e o instinto de comunicação, que se revelam tão naturais na cultura contemporânea, na verdade são apenas manifestações modernas daquela propensão fundamental e constante que têm os seres humanos para ultrapassarem a si mesmos entrando em relação com os outros (BENTO XVI, 2009).

Coloca-se, então, aqui um ponto fundamental na discussão atual da cultura digital, ou seja, no fenômeno das novas tecnologias é preciso ter atenção para não considerar a *convergência* somente como um processo tecnológico que une múltiplas funções dentro dos mesmos aparelhos. Mas a convergência, segundo Henry Jenkins (2008), representa, sim, uma transformação cultural, na medida em que consumidores são incentivados a procurar informações e a fazer conexões em meio a conteúdos midiáticos dispersos.

Trata-se de uma "cultura participativa" que

> [...] contrasta com noções mais antigas sobre a passividade dos espectadores dos meios de comunicação. Em vez de falar sobre produtos e consumidores de mídia como ocupantes de papéis separados, podemos, agora, considerá-los como participantes interagindo de acordo com um novo conjunto de regras que nenhum de nós, realmente, entende por completo (JENKINS, 2008, p. 30).

No contexto de cultura digital, porém, é importante enfatizar que na transformação comunicacional, isto é, nas múltiplas formas de conhecer, ser e estar, portanto, nos usos das novas tecnologias,

> [...] a mente, a afetividade e a percepção são agora estimuladas, não apenas pela razão ou imaginação, mas também pelas sensações, imagens em movimento, sonoridades, efeitos especiais, visualização variada do impossível, encenação de outras lógicas possíveis de construir realidades e se construírem como sujeitos (OROSCO in BORELLI; FREIRE FILHO, 2008).

E o pensamento da Igreja, nas palavras de Bento XVI, se expressa sobre a necessidade de levar para o mundo digital o testemunho da fé. Sentirmo-nos comprometidos a:

> introduzir na cultura deste novo ambiente comunicador e informativo os valores sobre os quais assenta a vossa vida. Nos primeiros tempos da Igreja, os Apóstolos e os seus discípulos levaram a Boa-Nova de Jesus ao mundo greco-romano: como então a evangelização, para ser frutuosa, requereu uma atenta compreensão da cultura e dos costumes daqueles povos pagãos com o intuito de tocar as suas mentes e corações, assim agora o anúncio de Cristo no mundo das novas tecnologias supõe um conhecimento profundo das mesmas para se chegar a uma sua conveniente utilização (BENTO XVI, 2009).

Razões muito fortes sustentam a necessidade da convergência entre os campos do conhecimento e a busca de novos procedimentos e modelos para comunicar o Evangelho. Com o desenvolvimento e a expansão da mídia, é fácil constatar que esta transforma o mundo. Difícil é tomar consciência. Conforme dizia o pesquisador Eugênio Trivinho, que costuma refletir sobre o momento presente, corre-se o risco de "viver na pós-modernidade, sem termos consciência que vivemos nela". As relações interpessoais são, de fato, cada vez mais resultado de relações simbólicas midiáticas. Assim, já um novo vocabulário figura no linguajar cotidiano: sociedade midiatizada, idade mídia, sociedade tecnocultural. Enfim, é realmente preciso concordar que "um novo sujeito" está "nascendo", com suas exigências próprias, atuais, solicitando novos paradigmas para ler, analisar e, por fim, compreender o mundo de hoje.

A Igreja, portanto, na evangelização, enfrenta, hoje, o desafio de ultrapassar o simples uso da tecnologia, bem como o de compreender e valorizar essa nova cultura que exige da própria Igreja novos métodos pastorais, novas linguagens, porque o mundo da comunicação "vai além de um simples exercício técnico", como afirma o Documento *Igreja e Internet* (n. 7).

Progressivo incentivo: formação para a comunicação. Ponto fundamental para uma adequada evangelização

O olhar puramente empírico sobre a relação Igreja-comunicação pode, muitas vezes, levar-nos a conclusões imprecisas, ou à não prioridade do que realmente significa ser discípulo e missionário hoje. Isso porque, entre as prioridades, figura a progressiva insistência da Igreja, em seus documentos, sobre a necessidade de formar-se para a comunicação. Tal fato não é algo descartável, mas ponto que precisa estar presente na "nova evangelização", como uma condição para agir na pastoral de maneira competente e, assim, desenvolver o diálogo entre fé e cultura, no respeito e no horizonte evangélico.

Na realidade, uma leitura atenta dos documentos da Igreja sobre a comunicação revela-nos que, a seu modo, a Igreja, desde a encíclica sobre o cinema *Vigilanti Cura* (Pio XI-1936), tem-se preocupado com o receptor – mesmo mediante o incentivo para que se criassem em todos os países órgãos nacionais que se ocupassem da "boa indicação" de filmes para os telespectadores, como já mencionado em capítulos anteriores.

A Encíclica *Miranda Prorsus* (1957), do Papa Pio XII, também demonstra preocupação na formação do telespectador e incentiva a criação de organismos nacionais que se ocupem com a educação dos receptores. Há mais de cinquenta anos, a Igreja, a seu modo e segundo o estilo da época, já dizia, na Encíclica:

> Para, em tais condições, poder o espetáculo desempenhar a sua função, requer-se esforço educativo que prepare o espectador. Que o prepare para compreender a linguagem própria de cada uma dessas técnicas diversas, e para dispor de tal formação da consciência que lhe permita julgar com ponderação os vários elementos oferecidos pela tela e pelo alto-falante [...] (n. 57). A necessidade de dar tal educação ao espectador sentiram-na intensamente os católicos nos

últimos anos, e numerosas são hoje as iniciativas que tendem a preparar tanto os adultos como a juventude para melhor apreciarem os lados tanto positivos como negativos do espetáculo [...] (n. 59). Estas iniciativas, seguindo as normas da educação cristã e sendo dadas com competência didática e cultural, não só merecem a Nossa aprovação mas também o nosso decisivo encorajamento para que sejam expostas e explicadas nas escolas e nas universidades, nas Associações Católicas e nas paróquias (n. 60).

É no decreto *Inter Mirifica* (1963) que a Igreja se torna mais explícita a respeito da formação, agora com uma diferença – a de que os sacerdotes e leigos não somente cuidem dos receptores, *mas se preparem para o mundo da* comunicação. E diz textualmente:

> Tudo isso requer pessoal especializado no uso desses meios para o apostolado. É indispensável pensar em formar, desde cedo, sacerdotes, religiosos e leigos que desempenhem tais tarefas. É preciso começar por preparar os leigos do ponto de vista doutrinário, moral e técnico, multiplicando escolas, institutos e faculdades de comunicação (IM, n. 15).

A preocupação por uma ação pastoral sempre mais inculturada na evolução tecnológica da sociedade é ponto insistente da Igreja, em termos de formação para a comunicação. Cresce o incentivo e tal preocupação se torna sempre mais explícita, como demonstram os nn. 107-8 da Instrução Pastoral *Communio et Progressio* (1971). É uma preocupação da Igreja que dá um passo a mais em relação ao *Inter Mirifica*, na sua exposição:

> A Igreja considera hoje como uma das tarefas mais importantes prover a que os leitores ou espectadores recebam uma formação segundo os princípios cristãos, o que também é um serviço à comunicação social. (...) As escolas e organizações católicas não podem esquecer o dever que têm neste campo, especialmente o de ensinar os jovens, não só a comportar-se como verdadeiros cristãos, quando leitores, ouvintes ou espectadores, mas também a saber utilizar as possibilidades de expressão desta "linguagem-total" que os meios de comunicação põem ao seu alcance.

Mais incisivas, ainda, são as solicitações da Instrução Pastoral *Communio et Progressio* no n. 111:

> Durante a sua formação, os futuros sacerdotes, religiosos e religiosas devem conhecer a incidência dos meios de comunicação na sociedade, bem como a sua técnica e uso, para que não permaneçam alheios à realidade, e não cheguem desprevenidos ao ministério apostólico que lhes será entregue. Tal conhecimento faz parte integrante da sua formação; é condição sem a qual não é possível

exercer um apostolado eficaz na sociedade de hoje, caracterizada, como está, pelos meios de comunicação.

É neste contexto que a Igreja pede que as universidades e institutos católicos criem e desenvolvam cursos de comunicação social, cujos trabalhos e investigações devem ser dirigidos competentemente (cf. CP n. 113).

Contudo, o que não poderíamos deixar de considerar é o fundamental aspecto inovador, a grande "reviravolta" da reflexão do magistério eclesiástico em relação ao mundo da comunicação e que nos interessa, particularmente, neste momento da história Igreja-sociedade. É através de um documento, já mencionado no Capítulo 1, que vamos encontrar um novo enfoque de missão da Igreja no mundo atual, a encíclica *Redemptoris Missio* (1990), que, ao se referir aos novos "areópagos" modernos como lugar de evangelização (missão), coloca o mundo da comunicação em primeiro lugar e insiste no novo contexto comunicativo como uma "nova cultura".

Além de João Paulo II mencionar o fato de a prática pastoral ter deixado o "areópago" das comunicações em segundo plano, a Encíclica *Redemptoris Missio* enfatiza que a preferência foi dada a outros instrumentos para o anúncio do evangélico e para a formação, enquanto os *mass media* foram deixados à iniciativa de particulares ou de pequenos grupos, entrando apenas secundariamente na programação pastoral (n. 37c).

O documento incentiva a própria Igreja a entrar nos processos comunicativos atuais, quando dispõe:

> [...] não é suficiente, portanto, usá-los [os meios] para difundir a mensagem cristã e o Magistério da Igreja, mas é necessário integrar a mensagem nesta "nova cultura", criada pelas modernas comunicações (RM, n. 37c).

Estamos entrando cada vez mais em um novo patamar da existência humana, e a insistência da Igreja sobre a formação para a comunicação se faz sentir progressivamente, quando se examina o pensamento do magistério da Igreja, agora, com mais um documento, Instrução *Aetatis Novae* (1992).

Grande parte do texto deste documento é dedicada à educação para a comunicação:

a) propor possibilidades de educação em matéria de comunicação;

b) encorajar as escolas e as universidades católicas a propor programas e cursos relacionados com as necessidades da Igreja e da sociedade em matéria de comunicação;
c) propor cursos, laboratórios e seminários de tecnologia, de gestão, de ética e de política da comunicação, destinados aos responsáveis da Igreja nesta matéria, aos seminaristas, aos religiosos e ao clero;
d) catalogar os novos métodos de evangelização e de catequese, aos quais se podem aplicar as tecnologias da comunicação e os meios de comunicação;
e) formação espiritual e assistência pastoral;
f) propor aos leigos católicos e aos outros profissionais da comunicação ocasiões para enriquecer a sua formação profissional, através de encontros de reflexão, retiros, seminários e grupos de apoio profissional (AN, nn. 28-29).

De 1992 em diante, no pleno desenvolvimento da era digital, a Igreja volta a insistir, no ano 2000, sobre a formação para a comunicação. Como num fio condutor, podemos, agora, observar no pensamento eclesial pontos importantes para uma Pastoral da Comunicação. Trata-se do documento *Ética nas comunicações sociais*:

> Hoje, todos precisam de algumas formas de educação midiática permanente, mediante o estudo pessoal ou a participação num programa organizado, ou ambos. Mais do que meramente ensinar técnicas, a educação midiática ajuda as pessoas a formarem padrões de bom gosto e de verdadeiro juízo moral, um aspecto da formação da consciência (n. 34).
> [...] A Igreja seria bem servida se um maior número de pessoas que ocupam cargos e desempenham funções no nome dela fossem formados em comunicação. Isto é verdade não só para os seminaristas, as pessoas que se formam nas comunidades religiosas e os jovens leigos católicos, mas para o pessoal da Igreja em geral. Considerando que são "neutros, abertos e honestos", os *mass media* oferecem aos cristãos bem preparados "um papel missionário de vanguarda", e é importante que eles sejam "bem formados e apoiados" (nn. 25 e 26).

O ano 2002 foi a época em que a Igreja nos brindou com dois excelentes documentos, *Igreja e Internet* e *Ética na Internet*. Ambos com um estilo fluido e colocando-se em uma atitude de quem dialoga com o mundo da comunicação; aliás, a Igreja coloca-se como aprendiz, embora ela reconheça os benefícios e os riscos que a Internet possa trazer. O importante é constatar que a Igreja, nestes documentos, não impõe, mas propõe reflexões, deixando e respeitando a escolha do usuário da Internet (como já acenamos precedentemente). Com sua solicitude, entretanto, faz recomendações segundo critérios cristãos e, retomando documentos anteriores, os ratifica: "[...] a comunicação é mais do que um simples exercício na técnica [...]" (*Igreja e Internet*, n. 3).

Recuperando as ideias fundamentais de documentos anteriores, especialmente *Communio et Progressio* e *Aetatis Novae*, o documento continua:

> [...] a educação e o treinamento devem constituir uma parte dos programas compreensivos de formação a respeito dos meios de comunicação, disponíveis para os membros da Igreja. Na medida do possível, os programas pastorais para as comunicações sociais deveriam prever esta preparação no contexto da formação dos seminaristas, sacerdotes, religiosos e pessoal leigo comprometido na pastoral, assim como dos professores, dos pais e dos estudantes (*Igreja e Internet*, n. 7).

O documento prossegue enfatizando, particularmente, a necessidade de educação para os jovens a fim de que saibam "utilizar as possibilidades de expressão desta 'linguagem total' que os meios de comunicação põem ao seu alcance". A Igreja tem consciência de que "a formação sobre a Internet e as novas tecnologias exigem muito mais do que o ensino das técnicas; os jovens têm necessidade de aprender como agir corretamente no mundo do espaço cibernético [...]" (n. 7).

E na riqueza de reflexões oferecidas pela Igreja, o mesmo documento encoraja vários grupos, de modo particular os líderes da Igreja:

> [...] As pessoas que ocupam lugares de liderança, em todos os setores da Igreja, precisam compreender os *mass media*, aplicar esta compreensão na elaboração de planos pastorais para as comunicações sociais, juntamente com políticas e programas concretos nesta área [...]. Onde for necessário, eles mesmos deveriam receber uma formação no campo das comunicações.
> [...]
> *Ao pessoal comprometido no campo da pastoral.* Os sacerdotes, diáconos, religiosos e operadores leigos no campo da pastoral deveriam ser formados no campo dos *mass media*... Hoje, isto naturalmente inclui a sua formação sobre a Internet e a descoberta do modo como devem usá-la no trabalho que lhes é próprio. Eles podem recorrer também aos *websites* que oferecem atualizações teológicas e conselhos pastorais.
> [...]
> *Aos educadores e catequistas.* A Instrução Pastoral *Communio et Progressio* abordou o tema do "dever urgente" que as escolas católicas têm de formar os comunicadores e os utentes dos meios de comunicação social nos princípios cristãos relevantes. Esta mesma mensagem foi repetida muitas vezes. Na era da

Internet, com o seu alcance e impacto surpreendentes, hoje a necessidade é mais urgente do que nunca.

As universidades, os colégios, as escolas e os programas educativos católicos, a todos os níveis, deveriam oferecer cursos para os vários grupos – "seminaristas, sacerdotes, religiosos, religiosas ou animadores leigos... professores, pais e estudantes"... Além disso, recomendamos os temas e os assuntos acima mencionados à atenção dos estudiosos e dos investigadores em disciplinas relevantes nos institutos católicos de ensino superior (*Igreja e Internet*, n. 11).

As recomendações da Igreja seguem dirigindo uma palavra de incentivo aos pais, às crianças e aos jovens. Ao expressar tais recomendações, a Igreja tem sempre em vista a pessoa e a comunidade humana. O documento finaliza dizendo que é preciso fortaleza e coragem no mundo da comunicação. Mas é isto que faz parte de nossa identidade cristã.

Concluímos com as sábias palavras de João Paulo II, na sua última Carta Apostólica *Rápido Desenvolvimento* (2005):

> O fenômeno atual das comunicações sociais leva a Igreja a uma espécie de revisão pastoral e cultural, de tal forma que esteja em condição de enfrentar adequadamente a passagem histórica que estamos vivendo (n. 8).

A seguir, o Papa enfatiza que

> [...] as novas tecnologias, em especial, criam posteriores oportunidades para uma comunicação entendida como serviço ao governo pastoral e à organização de múltiplos deveres da comunidade cristã [...]. Do mesmo modo, é importante garantir a formação e atenção pastoral aos profissionais da comunicação (n. 9).

Entre as escolhas que se impõem neste momento a respeito da comunicação, João Paulo II recomenda três opções fundamentais: *formação, participação* e *diálogo*. Quanto à formação, ele afirma:

> As novas linguagens por eles [meios de comunicação] introduzidas modificam os processos de aprendizagem e a qualidade das relações humanas e, por isso, sem uma formação adequada corre-se o risco de que eles, em vez de estarem a serviço das pessoas, cheguem a instrumentalizá-las e condicioná-las inadequadamente (n. 11).

E conclui:

> Não tenhais medo das novas tecnologias! Elas estão "entre as coisas maravilhosas" que Deus colocou à disposição para descobrir, usar, fazer conhecer a

verdade... Não tenhais medo da oposição do mundo! Jesus nos garantiu: "Eu venci o mundo!" (Jo 16,33) (n. 13).

Evangelização e midiatização: estar presente no "continente digital"

Partindo, então, do novo mapa ou da reconfiguração do processo comunicacional na sociedade contemporânea, somos convidados a pensar que a sociedade atual se rege pela midiatização, quer dizer, pela tendência à virtualização das relações humanas, à excitação de todos os sentidos e emoções, à provocação do imaginário e dos desejos. Hoje, o indivíduo é solicitado a viver pouco autorreflexivamente e mais na superficialidade do que percebe, sabe e sente. No horizonte comunicacional da interatividade absoluta, põe-se em primeiro plano o envolvimento sensorial, a pura relação. A própria recepção ou consumo dos produtos midiáticos pode ser vista como uma atividade rotineira integrada em outras que são características da vida cotidiana.

Daí a importância de, além de observar esse fenômeno, é necessário educar para a relacionalidade e trabalhar com cuidado as interações, os usos e os consumos no contexto das dinâmicas culturais. Assim, a atenção se volta, primeiramente, para os processos que estão envolvidos na recepção, para o modo de construir significados e para os mecanismos de ressignificação e aplicação da simbologia midiática, entre outros aspectos. Aí ocorrem os processos de negociação, de significação, dos novos sentidos. Pois, como vimos, com as novas tecnologias, onde estamos imersos, não temos mais simplesmente novos aparatos, mas sobretudo novos espaços simbólicos, geração de significados, formas inéditas de relações, oportunidades de novas identidades, novos sujeitos.

Daí a mensagem de Bento XVI para o 43º Dia Mundial das Comunicações (2009), *Novas tecnologias, novas relações. Promover uma cultura de respeito, de diálogo, de amizade.*

Vejamos o que consta nessa mensagem. Justamente nesse novo panorama comunicacional, por vezes assustador, está a oportunidade de promover uma cultura de respeito, de diálogo, de amizade. Tudo depende de uma pessoa bem formada nos princípios.

Isto requer sistemas educativos que apontem, desde a infância, para essa possibilidade; e para isso, os documentos da Igreja, sobretudo *Igreja e Internet* e *Ética na Internet,* são enfáticos sobre tal necessidade. Uma educação (escolas, universidades) competente em compreender e discutir as modalidades e linguagens comunicacionais contemporâneas, apresentando e dialogando sobre os valores essenciais da pessoa humana, sob o ponto de vista humano-cristão. Assim, o conteúdo que circulará nas "interatividades" existentes na cultura digital será de respeito, de amizade e de valorização do ser humano. Trata-se de grande oportunidade para a educação, pois toda a expressão comunicacional será o "produto" daquilo que a pessoa tem dentro de si, como princípio, como valor.

Além disso, faz-se necessária a produção de programas (*softwares* e outros) e conteúdos que favoreçam uma plataforma a qual promova o desenvolvimento de conteúdos que construem e alimentam o respeito, a dignidade e as relações de amizades e bem-estar do ser humano. A circulação desses valores, nas interconexões, nas interfaces que as novas tecnologias nos proporcionam, depende também da criatividade de quem produz comunicação – os operadores da comunicação. Reside aqui uma tarefa de grande responsabilidade para esses profissionais, e a quem o Papa faz um apelo todo particular. De modo especial, são eles os atores principais na construção de uma sociedade pautada nos valores e a quem devemos apoiar e nos unir.

Seria de grande ganho para a evangelização se a mensagem de Bento XVI fosse de estímulo para a discussão, o debate, a conscientização e para novas criatividades, novas linguagens em todos os âmbitos, dentro e fora da Igreja, para a construção de uma sociedade comunicacional baseada na promoção do respeito, do diálogo e da amizade. Valores esses constitutivos da evangelização, missão essencial da Igreja.

No tema do 44º Dia Mundial das Comunicações Sociais (2010), *Apaixonados anunciadores da Boa-Nova na "ágora" moderna,* também encontramos a Igreja querendo sempre acertar o passo para dialogar com o sujeito da sociedade contemporânea. Mas é importante notar que Bento XVI é consciente de que para realizar uma nova evangelização é preciso a mudança de mentalidade, a começar por quem está *ad intra* (da parte de dentro) da Igreja. Assim, querendo dirigir-se de modo especial aos sacerdotes, devido à celebração do ano sacerdotal, ele manifestou o pensamento da Igreja a respeito da comunicação, o empenho que os "pastores" devem fazer para dialogar com as pessoas hoje. Ao fazer isso, Bento XVI chama a atenção sobre o mundo atual da midiatização, mas também provocador, especialmente para quem deseja desenvolver uma evangelização séria, inculturada e comprometida com o diálogo entre fé e cultura. Não por acaso, o tema para o ano de 2010 foi *O sacerdote e a pastoral no mundo digital: os novos media ao serviço da Palavra*.

Como cristãos, é grande a satisfação ao constatar que o Magistério da Igreja avança no esforço e no incentivo de que a Igreja seja um sinal que aponte Jesus Cristo, mas na "ágora moderna". Sim, é ali que a Igreja deve ser e estar. "Este é um dos caminhos onde a Igreja é chamada a exercer uma 'diaconia da cultura' no atual *continente digital*" (BENTO XVI, 2009). E Bento XVI, continuando sua reflexão, volta-se de maneira especial aos sacerdotes, cuja tarefa principal é a de "anunciar Cristo, Palavra de Deus encarnada"; e como diz Paulo: "Ai de mim se não evangelizar" (1Cor 9,16). Desta tarefa, jamais o sacerdote poderá abdicar. Mas as *formas* de fazê-lo, sim, estas devem avançar, atualizar-se. Estamos, agora, no mundo digital, em outras palavras, em uma *nova ambiência*, onde o mundo inteiro, graças às novas tecnologias de comunicação, vive uma cultura midiática, onde impera o digital. As transformações vividas no mundo de hoje nos fazem encontrar um "novo sujeito" com o qual a evangelização deve se comprometer e ocupar-se pastoralmente.

Nas palavras de Bento XVI, "aos presbíteros é pedida a capacidade de estarem presentes no mundo digital em constante fidelidade à mensagem evangélica, para desempenharem o próprio papel de animadores de comunidades" (2010). Tais comunidades, hoje, se exprimem cada vez mais frequentemente através das muitas "vozes" que surgem do mundo digital, por isso a importância de:

> [...] anunciar o Evangelho recorrendo não só aos *media* tradicionais, mas também contando com o contributo da nova geração de audiovisuais, que representam ocasiões inéditas de diálogo e meios úteis inclusive para a evangelização e a catequese (2010).

Vários são os desafios que decorrem da afirmação do pontífice, já aqui enunciada, e que nos fazem refletir em profundidade e sinceridade, mesmo que a extensão do comentário seja breve, mas não superficial. É como somos convidados a estar presente, com capacidade, no mundo digital.

Primeiramente ser "apaixonados" pela Palavra. Longe de colocar-se como um simples operador dos *media*, o presbítero (porque a mensagem era dirigida a eles) é convidado (e chamado!) a aproveitar-se sabiamente de todas as oportunidades que a comunicação moderna oferece. Mas deve ser um apaixonado!

Assim diz o Papa:

> Que o Senhor vos torne apaixonados anunciadores da Boa-Nova na "ágora" moderna criada pelos meios atuais de comunicação. (...) O presbítero deve fazer transparecer o seu coração de consagrado, para dar uma alma não só ao seu serviço pastoral, mas também ao fluxo comunicativo ininterrupto da "rede" (2010).

Aqui se delineia toda uma espiritualidade comunicativa, profunda, do sacerdote, que deve ser consciente para não se deixar levar simplesmente pelo *fascínio da máquina* e ser mais um "operador" da mídia, mas ser capaz de "mostrar" ali, nessa nova ambiência, o rosto misericordioso de Deus. É a garantia da pastoral, a alma da pastoral: sua intimidade com o Senhor, que, agora, no mundo digital, o sacerdote abraça como uma nova modalidade de anunciar Jesus.

Conforme insiste Bento XVI:

> [...] é preciso não esquecer que a fecundidade do ministério sacerdotal [e do cristão!] deriva primariamente de Cristo encontrado e escutado na oração, anunciado com a pregação e o testemunho da vida, conhecido, amado e celebrado nos sacramentos, sobretudo, da Santíssima Eucaristia e da Reconciliação.

Outro desafio: ser competentes, com uma sólida preparação teológica e uma consistente renovação cultural, que se atualiza constante e progressivamente, oferecendo segurança em trilhar por caminhos novos de evangelização, abrindo (e deixando abrir!) novos horizontes para que a Palavra seja mais viva em calar no coração dos que a recebem na cultura contemporânea. Portanto, a formação e a atualização indispensável, já recomendadas abundantemente nos documentos da Igreja sobre a Comunicação. Neste desafio, entra o desafio de abertura para os leigos, um espaço que, em muitíssimos ambientes da Igreja, deve ainda ser conquistado.

Além do *como* o sacerdote é convidado a estar presente, no mundo digital, apresenta-se, também, o *como ir* ao mundo digital. Além dos itens já mencionados e, de certa forma inseridos também nesta nova consideração, o Papa afirma que:

> a tarefa de quem opera, como consagrado, nos *media* é aplanar a estrada para novos encontros, assegurando sempre a qualidade do contato humano e a atenção às pessoas e às suas verdadeiras necessidades espirituais; oferecendo, às pessoas que vivem nesta nossa era "digital", os sinais necessários para reconhecerem o Senhor; dando-lhes a oportunidade de se educarem para a expectativa e a esperança, abeirando-se da Palavra de Deus que salva e favorece o desenvolvimento humano integral (2010).

Depreende-se daí que, no mundo digital, não vamos encontrar o "sujeito" que talvez desejássemos, mas alguém que vive nas numerosas encruzilhadas, arquitetadas em um "denso emaranhado das autoestradas que sulcam o ciberespaço". Mas é ali que

> o direito de cidadania de Deus em todas as épocas, (...) através das novas formas de comunicação, possa passar pelas ruas das cidades e deter-se no limiar das casas e dos corações, fazendo ouvir de novo a sua voz: "Eu estou à porta e chamo. Se alguém ouvir a minha voz e me abrir a porta, entrarei em sua casa, cearei com ele e ele comigo" (Bento XVI, 2010).

O diálogo, portanto, sempre terá em conta as diferenças e a diversidade de opiniões. Devemos ir para dialogar e propor. Nunca para impor!

Abrir caminhos para a esperança, no mundo digital, e o diálogo com os não crentes são oportunidades sem par que o mundo do ciberespaço oferece à pastoral, hoje. Por isso, uma pastoral no mundo digital precisa levar em conta também aqueles que não acreditam, os que caíram no desânimo, mas têm em seus corações desejos de absoluto e de verdades que não passam.

E conclui Bento XVI:

> [...] do mesmo modo que o profeta Isaías chegou a imaginar uma casa de oração para todos os povos (cf. Is 56,7), não se poderá porventura prever que a Internet possa dar espaço – como o "pátio dos gentios" do Templo de Jerusalém – também àqueles para quem Deus é ainda um desconhecido? (2010).

O tema proposto para o 45º Dia Mundial das Comunicações *Verdade, anúncio e autenticidade de vida, na era digital* contém o pensamento do magistério da Igreja, em uma progressiva abertura para o diálogo entre fé e cultura, ainda nas palavras de Bento XVI.

E se analisarmos as mensagens precedentes (2009-2010) de Bento XVI para o Dia Mundial das Comunicações, podemos perceber um caminho progressivo, até mesmo de insistência para que "estejamos" no mundo digital. Vejamos sua afirmação em 2011:

> [...] Estar presente não simplesmente para satisfazer o desejo de estar presente, mas porque esta rede tornou-se parte integrante da vida humana. A *web* está a contribuir para o desenvolvimento de formas novas e mais complexas de consciência intelectual e espiritual, de certeza compartilhada. Somos chamados a anunciar, neste campo também, a nossa fé: que Cristo é Deus, o Salvador do homem e da história, aquele em quem todas as coisas alcançam a sua perfeição (cf. Ef 1,10) (Bento XVI, 2011).

Parte dos grandes destaques da mensagem, que requer reflexão, é o reconhecimento da Igreja das transformações socioculturais provocadas pelas novas tecnologias, que introduzem não somente um modo novo de comunicar [linguagens, narrativas], mas nos fazem olhar a "mudança" da "própria comunicação em si mesma". Daí a decorrência de que não se trata somente de "novidades" das tecnologias, mas "está nascendo uma nova maneira de aprender e pensar". É como se estivéssemos vivendo uma nova civilização. Aprender e pensar, ousamos dizer, necessitando absorver uma modalidade nova nos sistemas de educação, de elaboração do pensamento, entre outros.

Toda mensagem mencionada reconhece que a Internet é fenômeno característico do nosso tempo. É interessante a atualização do Pontífice, refazendo brevemente o percurso da comunicação, quando afirma que:

> tal como a revolução industrial produziu uma mudança profunda na sociedade através das novidades inseridas no ciclo de produção e na vida dos trabalhadores, também hoje a profunda transformação operada no campo das comunicações guia o fluxo de grandes mudanças culturais e sociais (2011).

E enfatiza que essas transformações profundas das novas tecnologias não são passageiras nem superficiais. Elas atingem, realmente, o tecido das relações humanas e as plataformas das estruturas sociais e culturais.

A consequência pode ser óbvia, como entendimento, mas, como prática, requer a mudança de métodos de ensino, de informar, de comunicar, de evangelizar. É outro salto de qualidade do Magistério, demonstrando compreender que uma nova teoria da comunicação está nascendo. Trata-se de uma "teoria interacional" da mídia, pois:

> [...] as mídias comunicacionais não se restringem aos aparatos técnicos usados para transmitir informações de um indivíduo a outro, enquanto a relação entre eles permanece inalterada; ao contrário, usando as mídias comunicacionais "novas" formas de agir e interagir são criadas (Thompson, 2008, p. 17).

Portanto, em sua mensagem, Bento XVI incentiva a exercer uma criatividade consciente e a descobrir o "estilo cristão de estar na rede". Pois isso também vai desafiar algumas lógicas da *web*, diz o Pontífice, já que a fé não é um produto que se vende e que se consome. Deve haver um esforço muito maior para dá-la a conhecer na sua integridade do que em torná-la aceitável. "Deve tornar-se alimento cotidiano e não atração de um momento. A verdade do Evangelho não é algo que possa ser objeto de consumo ou de fruição superficial, mas dom que requer uma resposta livre" (2011).

Hoje, para dar respostas adequadas às questões que surgem no âmbito das grandes mudanças culturais, particularmente sentidas no mundo juvenil, "tornaram-se um instrumento útil as vias de comunicação abertas pelas conquistas tecnológicas". De fato, continua Bento XVI, "pondo à nossa disposição meios que permitem uma capacidade de expressão praticamente ilimitada, o mundo digital abre perspectivas e concretizações notáveis ao incitamento paulino: 'Ai de mim se não anunciar o Evangelho!' (1Cor 9,16)".

Um passo à frente...

Não há dúvida de que há o convite para que a evangelização dialogue com a cultura midiática ou, melhor dizendo, esteja dentro da nova ambiência. Isto vale, também, para o sistema relacional da Igreja em nível interno e externo.

No contexto de evangelização e midiatização, é sempre importante ilustrar alguns esforços (impossível colocar todos!) que a própria Igreja, especialmente as mentes mais abertas, está realizando, seja em nível global, regional e até nacional, para que se leve em conta os processos comunicativos atuais. Entre tais esforços figura, por exemplo, o Pontifício Conselho para as Comunicações (Vaticano-Roma), que promoveu, em 2011, um Congresso sobre a Igreja e a cultura digital, em nível latino--americano e que se realizou no Chile em conjunto com o CELAM e a RIIAL (Rede Informática da Igreja na América Latina).

O presidente do Pontifício Conselho para as Comunicações, D. Claudio Maria Celli, disse na ocasião:

> Vamos examinar o que já se está fazendo no contexto latino-americano no campo da comunicação. Eu creio que os trabalhos servirão amplamente, e também de uma maneira profunda, aos trabalhos do próximo Sínodo dos Bispos [sobre a nova evangelização a realizar-se em outubro 2012]. Hoje não se pode falar em evangelização sem fazer referência a um diálogo profundo com a cultura digital, porque as novas tecnologias tem dado vida a uma nova cultura, a uma nova maneira de ser do homem e da mulher, e a tomar consciência de que devemos exercer a verdadeira pastoral em um contexto da cultura digital.

Também o CELAM e a CNBB, juntos, têm somado esforços e criado iniciativas para aprofundar conceitos, definir políticas, construir linhas orientadoras, implementar projetos sobre comunicação social para toda a Igreja. Equipes e pastorais de comunicação formadas nas diversas Dioceses, Paróquias e Comunidades vêm construindo uma trajetória de comunicação eclesial, contribuindo para a evangelização inculturada, especialmente, dentro dos novos areópagos da cultura midiática. Constata-se na Igreja do Brasil a existência de uma história da comunicação, de instâncias de reflexão e estudo para a articulação e organização das pastorais de comunicação (PASCOM)[2] nas diversas comunidades espalhadas por todo o país, de evangelização pela televisão, pela imprensa, pelos diversos órgãos de comunicação, como rádio, cinema, sites e redes sociais, e as contribuições dos centros de estudos e pesquisas de comunicação em nível de ensino superior nas Faculdades, Centros Universitários e Universidades Católicas (MENDES, 2011).

Na realidade, enquanto louvamos os esforços que, progressivamente, se tornam concretude, vivemos um período de transição, em que muitos, senão a maioria dos que se dizem católicos, ainda não veem a comunicação como um lugar de missão e um ponto a ser amplamente considerado e aprofundado não somente como uso, mas como uma

---

[2] O Diretório de Comunicação da Igreja no Brasil (2014) será objeto de estudo em capítulo mais adiante.

cultura, haja vista a dificuldade de se inserir a disciplina de comunicação ou educação para a comunicação em áreas como filosofia e teologia. É necessária uma nova compreensão do fenômeno para que se possa, também, trabalhar as novas linguagens e narrativas que a cultura digital, a midiatização, hoje, impõe.

Exemplos que convencem

O "cibercardeal", assim começa a ser chamado o cardeal Gianfranco Ravasi, presidente do Conselho Pontifício para a Cultura do Vaticano, que usa redes sociais, criou um blog, fala com o administrador do Google e explica por que a Igreja deve ir para a rede. Como afirma o cardeal: "Se quisermos transmitir melhor a própria linguagem da fé, devemos conhecer as novas gramáticas da comunicação" (RAVASI, 2011).

Um homem de Igreja cuja visão dá esperança, porque Ravasi é um dos cardeais que estreou na rede com um blog pessoal. Ele é, ainda, uma pessoa que colabora com jornais *on-line*, apresenta-se na TV, escreve diariamente uma coluna no jornal italiano *Avvenire*. *Ravasi insere-se na sociedade contemporânea* e organiza encontros inéditos no Vaticano (para blogueiros jovens, por exemplo). Ele defende que chegou a hora da Internet para a Igreja. Foi designado por Bento XVI para levar adiante o Projeto "Átrio dos Gentios" (um projeto que remete ao espaço do antigo Templo de Jerusalém; um lugar que se tornou academia de diálogo, com intelectuais de diferentes origens). Sempre em diálogo com a sociedade, Ravasi possui muitos seguidores no seu twitter @CardRavasi.

Podemos afirmar que Ravasi, embora saiba equilibrar o senso de tradição, é, ao mesmo tempo, um grande inovador.

Na hierarquia eclesiástica, o cardeal está na vanguarda da comunicação como nenhum outro na esfera eclesiástica. Grande biblista, teólogo, ele sabe como estar nas redes de forma cristã, como já nos pedia Bento XVI. E sobre a comunicação, assim ele se expressa:

> Se quisermos transmitir melhor a própria linguagem da fé, devemos conhecer as novas gramáticas da comunicação. A linha divisória entre a proteção da tradição e a sua comunicação é muito tênue. *Cristo* dizia: o que vocês ouviram em segredo, digam-no de cima dos terraços e dos telhados. Portanto, a mensagem deve circular no mundo, mas conhecendo os riscos da sua simplificação. Além disso, toda a história da cristandade foi ritmada por essa preocupação: pense-se na tentativa de Paulo de transcrever o cristianismo de matriz judaica à linguagem grega. Ou

na cristologia de *Calcedônia*, quando são introduzidos termos como "natureza, substância, pessoa", que não são categorias bíblicas de origem (RAVASI, 2011).

Perguntado sobre os blogs, pois Ravasi chegou a organizar um encontro para os blogueiros no auditório São Pio X, ele responde:

> Quem segue esse fronte, sabe que pode ser um campo muito perigoso, porque é fácil que uma frase, mesmo que mínima, possa ter a força de uma ofensa. Mas não podemos nos isentar. Devemos olhar para todo o complexo da informação. E então como podemos ignorar os *blogueiros*? Os *blogs* são sujeitos fundamentais da comunicação, mesmo que o seu modo de se relacionar seja diferente com relação a quem, como eu, ainda escreve cartas à mão.

Com estudos profundos na teologia e também na comunicação, o sacerdote jesuíta Antonio Spadaro (2011), diretor da revista *La Civiltà Cattolica*, dos jesuítas italianos, e, ainda, assessor do Pontifício Conselho para as Comunicações e também da Cultura, afirma que "a rede não é um meio para evangelizar". E explica: "não se trata de usar a rede, senão, e sobretudo, de viver na rede, porque a Internet é parte de nossa vida cotidiana".

É sempre bom lembrar aqui o quanto foi falado, especialmente no capítulo 4, sobre a "nova ambiência". Na verdade, o estudioso e pesquisador está em sintonia com o que abordamos em nossa disciplina, explicitando que a Internet não é um mero "instrumento" de comunicação que se pode ou não utilizar, mas, como afirma Spadaro (2011), "é uma ambiência cultural, que determina uma forma de pensar, estabelece novas maneiras de nos relacionarmos e gera, inclusive, uma nova maneira de estar no mundo e de organizá-lo".

SUGESTÃO PARA REFLETIR E AGIR

1. Ao ler este capítulo *Evangelização e midiatização: uma integração necessária para o diálogo entre fé e cultura,* você está convencido da necessidade de integração entre os dois conceitos?

2. Seria importante você ler na íntegra as mensagens de Bento XVI para o Dia Mundial das Comunicações. Ao lê-las, e pelo que foi enfatizado neste capítulo, formule algum questionamento para você mesmo e tente respondê-lo, procure ver onde poderia estar a resposta.

3. Se alguém abordasse você sobre esse conteúdo, sobre em que ele consiste, o que você responderia?
4. Se a Internet não é somente um instrumento, mas um "lugar" onde estamos, e é parte integrante de nossas vidas, como você *está* na Internet? Você já está em alguma rede social? Se a resposta for negativa, por quê?
5. Para você, qual é a maneira, o estilo cristão de estar na rede social (*social network*)?
7. Já pensou em formar grupos de discussão sobre algum tema na rede social digital?

Capítulo 6
A comunicação nas redes sociais digitais

"É preciso descobrir a maneira cristã de estar nas redes", afirma Bento XVI. Contudo, faz parte da nova evangelização conhecer, ainda que brevemente, o mundo das redes sociais digitais.

As redes sociais digitais vêm alcançando, na sociedade atual, patamares não somente surpreendentes no sentido de avanços tecnológicos, mas introduzindo grandes e profundas transformações que tocam a própria natureza da comunicação. Elas "podem ser entendidas como um tipo de relação entre seres humanos pautada pela flexibilidade de sua estrutura e pela dinâmica entre seus participantes", afirma Luís Mauro Sá Martino[1], e são de caráter horizontal "desprovido de uma hierarquia rígida". Seus processos comunicativos atraem cada vez mais, sobretudo a juventude, como o "lugar" onde se está, se é, se vive.

Em outras palavras, a Internet – Redes Sociais digitais são parte integrante da nossa vivência cotidiana. Nesse ambiente, é preciso que o ser humano, especialmente o comunicador cristão, descubra, também, novos métodos de desenvolver a pastoral.

Visão geral histórica

Quando se fala em redes, o senso comum atual leva a pensar nas redes sociais digitais. Entretanto, desde os primórdios da história da espécie *sapiens*, da que fazemos parte, percebe-se que a vida foi uma longa e laboriosa aventura de construção de redes. Redes erigidas, construídas com base em instrumentos materiais e, muitas vezes, imateriais, pois, no

---

[1] SÁ MARTINO, Luís M. *Teoria das mídias digitais*. Petrópolis: Vozes, 2014.

processo de comunicação, as redes permitem dialogar, capturar, conduzir, direcionar. Sobretudo, permitem compartilhar, distribuir "vida", "conhecimento". E continua Martino:

> embora seja geralmente utilizada para falar de agrupamentos sociais *on-line*, a noção de "redes sociais" é um conceito desenvolvido pelas Ciências Sociais para explicar alguns tipos de relação entre as pessoas. O uso da noção de "redes sociais" no ambiente da Internet significa transpor um modelo de análise social para o espaço virtual, o que requer algumas mudanças no conceito.[2]

Assim, a mobilização de uma rede de amigos, as soluções discutidas, problemas a serem resolvidos de modo colaborativo são características que pertencem ao que se chama de "redes sociais digitais". Na verdade, a definição do nome segue a maneira de os autores compreenderem o fenômeno. Na variedade, figuram "redes sociais *on-line*", "redes sociais digitais", "redes sociais conectadas".

Com o advento da modernidade e, por conseguinte, com a potencialização dos aparatos tecnológicos disponíveis, o lugar ocupado pelas redes foi ganhando cada vez mais centralidade social. Na verdade, o cotidiano das pessoas iria, a passos largos, ser afetado por redes que operavam a distância. Formam-se novos padrões de informação sobre o mundo, de compartilhamento. Basta pensar nas grandes empresas, na organização das bibliotecas, por exemplo, no desenvolvimento da sociedade sempre mais articulada em rede.

Senso bíblico[3]

Ao discorrer sobre o primeiro Testamento, são incontáveis, na história de Israel, as redes que se formavam, quer entre as doze tribos, quer entre o povo em geral, no sentido de buscar compartilhamento, partilha dos ensinamentos. Trata-se da formação do povo de Deus.

Já no Novo Testamento, há a comunidade de partilha dos seguidores de Jesus, a expansão das comunidades, a ampliação da Igreja, com Paulo, que forma as primeiras comunidades entre os pagãos. A Igreja, no seu peregrinar através dos tempos, vai formando uma grande rede, quer

---

[2] Ibid. p. 55.

[3] O enfoque "senso bíblico" é citado aqui dentro de um contexto, mas não tem a pretensão de oferecer um aprofundamento bíblico sobre o tema.

em nível oficial, quer na formação de pequenas comunidades, principalmente, as de base; o incentivo aos movimentos sociais, ao ajudar o povo a criar consciência de seus direitos e deveres, seja como cidadãos, seja como cristãos. É inegável a existência de milhares de redes formadas para a partilha, o crescimento na compreensão e vivência da Palavra de Deus.

Redes sociais na atualidade

Com o advento da Internet, porém, começa-se a viver um outro patamar da história. Entra-se, na verdade, no que chamamos de cultura digital, ou cibercultura, e são nomes que marcam a cultura contemporânea, especialmente a partir da década de 1970, com o surgimento da microinformática. É a microinformática que vai dar o tom planetário, que ganha uma dimensão mais radical com o surgimento das redes. Trata-se da cultura do telefone celular, dos computadores, das redes, dos micro-objetos digitais que funcionam a partir do processo eletrônico digital. Em outras palavras, a cibercultura seria a cultura contemporânea, onde os diversos dispositivos digitais já fazem parte da nossa realidade.

O que se alterou substancialmente foi a nossa relação com os objetos técnicos na atualidade. Por isso, a importância de considerar que se trata de tecnologias não apenas da transformação material e energética do mundo, mas que permitem a transformação comunicativa, política, social, cultural, religiosa. Pois conseguimos transitar informações, bens simbólicos, não materiais, de uma maneira inédita na história da humanidade.[4]

Entra-se, então, em uma *nova esfera de conversação* com as redes sociais digitais. Está se forjando "um novo sujeito" na sociedade, onde permanecem necessidades fundamentais do ser humano, mas modificam-se rápida e profundamente a sua forma de se relacionar. É o que constitui o aspecto antropológico-cultural da mensagem de Bento XVI em seu tema "Novas tecnologias. Novas relações" (2009).

Assim, falar de cultura digital implica acompanhar a evolução não somente das teorias de comunicação, o aspecto tecnológico, mas a dos paradigmas pelos quais passa o processo da comunicação até chegar ao momento atual, este que vivemos e que chamamos de "cultura digital".

---

[4] LEMOS, André. Comunicação e mobilidade: telefones celulares e função pós-massiva. *Matrizes*, São Paulo: USP, ano 1, n. 1, 2007.

Isto significa não somente conhecer e compreender o momento atual, mas a exigência de um olhar que percebe a necessidade de uma mudança de mentalidade nos processos comunicativos, que toca profundamente o desenvolver, o atuar o binômio comunicação/evangelização.

Na exigência do diálogo entre fé e cultura, na sociedade atual, em que vivemos o fenômeno da cultura digital, é importante levar em consideração e entender, mesmo que brevemente, duas características das redes sociais: *dinâmica* e *flexibilidade*. O pesquisador Martino assim nos explica:

> A dinâmica entre seus participantes refere-se à forma de interação entre eles. Pode ser entendida como o movimento existente em uma rede como a quantidade e o tipo de conexões estabelecidas entre os participantes, por exemplo, ou o fluxo de pessoas que entra e deixa a rede. E cada rede social tem sua própria dinâmica, e isto está ligado de alguma maneira à própria arquitetura da tecnologia sobre a qual é construída a interação social. As listas de e-mail, um dos exemplos mais antigos de redes, têm uma dinâmica consideravelmente diferente, geralmente mais lenta, do que caracteriza a dinâmica de uma rede.

No que diz respeito à flexibilidade, pode-se observar que os vínculos entre as pessoas são fluidos, rápidos, seguindo a "necessidade em um momento e desmanchado no instante seguinte". Daí que,

> a noção de *flexibilidade* das redes sociais refere-se a essa característica dos laços existentes em uma rede – os vínculos criados podem ser transformados a qualquer momento, de acordo com sua dinâmica e com as características dos participantes. (...) Nas redes sociais (...) conexões são criadas, mantidas e/ou abandonadas a qualquer instante, sem maiores problemas.[5]

Tendo em vista que uma das principais características das redes sociais é seu caráter relacional,[6] é preciso perceber que "surge", na sociedade, um "novo sujeito", em suas relações, com exigências comunicativas; enfim, uma cultura que requer uma nova lógica, ou seja, uma nova maneira de aprender, de ensinar, como a realidade contextual vem nos compelindo, e muito sabiamente nos adverte Bento XVI, em uma de suas mensagens para o Dia Mundial das Comunicações: "Verdade, anúncio e autenticidade de vida, na era digital":

---

[5] SÁ MARTINO, Luís M. *Teoria das mídias digitais*. Petrópolis: Vozes, 2014. p. 56.
[6] Ibid., p. 57.

As novas tecnologias estão mudando não só o modo de comunicar, mas a própria comunicação em si mesma, podendo-se afirmar que estamos perante uma ampla transformação cultural. Com este modo de difundir informações e conhecimentos, está nascendo uma nova maneira de aprender e pensar, com oportunidades inéditas de estabelecer relações e de construir comunhão (2011).

O eixo fundamental, portanto, reside no fato de compreender o que significa encontrar-se diante de uma verdadeira "revolução" tecnológica que exige ir além dos instrumentos e tomar consciência das "mudanças" fundamentais que as novas tecnologias operam nos indivíduos e na sociedade, por exemplo, nas relações familiares, de trabalho, entre outros. A questão não se coloca, portanto, entre o aceitar ou rejeitar. Estamos diante de um fenômeno global, que se conjuga com tantos outros aspectos da vida social e eclesial. Assim, recordamos as palavras de João Paulo II na *Redemptoris Missio* (37c): "Não basta usar (os meios) para difundir a mensagem cristã... mas é preciso integrar a mensagem nesta 'nova cultura' criada pela comunicação social".

Entra-se, então, em uma "teoria interacional" da mídia, uma vez que as mídias comunicacionais não se reduzem aos aparatos técnicos usados para transmitir informações de um indivíduo a outro. Usando as mídias comunicacionais, hoje, com o avanço das novas tecnologias, novas formas de *agir* e *interagir* são criadas. Importante compreender a nova esfera conversacional nas redes sociais digitais, que não acontecem mais no modelo de comunicação linear, ou seja, um processo unidirecional em que um emissor envia uma mensagem a um receptor (comunicação de massa).[7] Nas redes sociais, tecnologicamente mediadas, são vários os produtores, são múltiplos os intérpretes. Na verdade, o modelo comunicacional unilinear entra em crise, pois na Web 2 (e já avançando para a 3) as pessoas "constroem", "produzem" o conteúdo à sua maneira. Este é um dos traços essenciais por que as redes atraem tanto os jovens, por exemplo – eles podem fazer à sua maneira.

Nesse sentido, a sociedade percebe e se percebe a partir do fenômeno da mídia, agora ampliado para além dos dispositivos tecnológicos tradicionais. Por isso, é possível falar da mídia como lócus, como "lugar" da compreensão da sociedade. Isso é tão imperioso que a posição, então revolucionária, do *palco à plateia* perde seu sentido e é superada. Agora existe um teatro de arena, onde não mais se fala de palco e de plateia, pois é impossível pensar uma realidade sem palco, uma vez que ele abarcou tudo.

---

[7] Tema já desenvolvido em capítulos anteriores.

As pessoas não distinguem mais a sua vida separada do palco, sem ele. Se um aspecto ou fato não é midiatizado, parece não existir.

A comunicação nas redes é uma "cultura participativa" que contrasta com noções mais antigas sobre a passividade dos espectadores dos meios de comunicação. Em vez de falar sobre produtos e consumidores de mídia como ocupantes de papéis separados, podemos agora considerá-los como participantes interagindo de acordo com um novo conjunto de regras que nenhum de nós, realmente, entende por completo. Surgem, então, as chamadas "comunidades virtuais". A necessidade de interagir, e com a disponibilidade dos dispositivos tecnológicos, incentiva a busca de relacionamento com quem tem interesses afins, daí as conversas girarem entre pontos comuns – a formação das "comunidades", resultando em "novos pertencimentos".

Destaque para pontos importantes

Como se trata de um fenômeno novo e, ainda, em estudo, as respostas para o comportamento nas redes também não são conclusivas, visto a novidade que se apresenta diariamente. Entretanto, alguns pontos fundamentais são necessários para compreendermos, inicialmente, a questão das redes:

- a rede é um ambiente que muda. Pode-se dizer que a Internet é uma realidade que faz parte da vida cotidiana. Passou o tempo de considerá-la como algo "frio", simplesmente técnico. Hoje é um lugar que se frequenta para compartilhar; por isso, "nova esfera" conversacional.

Portanto, a Internet não é um instrumento, mas um ambiente, um espaço que se vai integrando cada vez mais na vida cotidiana. E isto significa um novo contexto existencial, por essa razão dizemos "novo sujeito". Nesse ambiente nos movemos, existimos. E aqui surge um grande desafio para a Igreja: a rede não é um meio de evangelização, é um "lugar de evangelização", um ambiente no qual se é a si mesmo até o fim, um lugar onde a fé vira vida. Daí que o verdadeiro desafio da Igreja é viver a rede como um espaço de experiência. Portanto, não se trata de "usar" bem a rede, mas de "viver bem os tempos da rede".[8] E isto requer a formação humano-cristã da pessoa. Como eu vou "estar" nas redes?

---

[8] SPADARO, Antonio. *Seminário Nacional de Jovens Comunicadores*. Brasil, maio 2012.

Trata-se, então, de educar a pessoa, desde a família, na catequese, para os princípios fundamentais da verdade, da autenticidade, uma vez que é essa pessoa que se vai manifestar nas redes.

As palavras de Bento XVI convidando os cristãos "a unirem-se confiadamente e com criatividade consciente e responsável na rede de relações que a era digital tornou possível; e não simplesmente para satisfazer o desejo de estar presente, mas porque esta rede tornou-se parte integrante da vida humana",[9] demonstram a atualização do Magistério da Igreja para desenvolver o diálogo entre fé e cultura no mundo atual. Sem dúvida, continua Bento XVI, "a *web* está contribuindo para o desenvolvimento de formas novas e mais complexas de consciência intelectual e espiritual, de certeza compartilhada. Somos chamados a anunciar, neste campo também, a nossa fé: que Cristo é Deus, o Salvador do homem e da história (...)."

- É preciso levar em consideração que os maiores protagonistas dessa mudança da comunicação são os jovens "com todas as ansiedades, as contradições e a criatividade própria de quantos se abrem com entusiasmo e curiosidade às novas experiências da vida. O envolvimento cada vez maior no público areópago digital dos chamados *social network* leva a estabelecer novas formas de relação interpessoal, influi sobre a percepção de si próprio e por conseguinte, inevitavelmente, coloca a questão não só da justeza do próprio agir, mas também da autenticidade do próprio ser" (45º Dia Mundial das Comunicações, 2011).
- Se, por um lado, as redes sociais na Internet possibilitaram uma interatividade, mais ainda, viabilizaram a intervenção, a participação ativa e mesmo interativa dos parceiros digitais, por outro, é preciso considerar que as redes sociais são *espaços* de interação, lugares de fala construídos pelos atores de forma a expressar elementos de sua personalidade ou individualidade. Portanto, uma característica forte (entre outras, pois não é a única!) considerada relevante é a característica da expressão pessoal ou personalizada na Internet. Há um processo permanente de construção e expressão da identidade por parte dos atores do ciberespaço, onde as apropriações funcionam como

---

[9] BENTO XVI. Mensagem para o 45º Dia Mundial das Comunicações, 2011.

uma presença do "eu", um espaço privado e, ao mesmo tempo, público. É como se houvesse um imperativo da visibilidade, uma necessidade de exposição pessoal.

Daí que o Magistério da Igreja nos adverte que comunicar a Palavra de Deus através das novas mídias significa não só inserir conteúdos religiosos nas plataformas dos diversos meios, mas também estar, ser, testemunhar com coerência no próprio perfil digital e no modo de comunicar escolhas, preferências, juízos que sejam profundamente coerentes com o Evangelho, mesmo quando não se fala explicitamente dele (cf. 45º Dia Mundial das Comunicações, 2011).

- Considerando as transformações no processo de comunicação, a maneira de comunicar passa por profundas transformações de linguagem, mas também de métodos. A cultura participativa, sobretudo com as redes sociais, impõe uma revisão nos métodos pastorais, assim como se vem exigindo nos sistemas de ensino e na reorganização da sociedade em geral.

SUGESTÃO PARA REFLETIR E AGIR

1. Você já está *dentro* das redes sociais digitais. O que este capítulo trouxe de *novidade* para você?

2. Lembre-se de que, muitas vezes, agimos levados pelo imperativo das facilidades e possibilidades que as mídias sociais nos oferecem. Entretanto, pouco refletimos sobre *como* nos movemos e *o que* podemos fazer dentro da rede. Você já está fazendo alguma coisa?

3. Se você é cristão, o que poderia fazer para construir uma sociedade com mais valores, ou lembrá-la de que existem valores essenciais a serem vividos? Poderia ser um grupo de reflexão, que vai se alargando, por exemplo.

CAPÍTULO 7
O sentido de uma "comunicação sem fronteiras"
Diretório de Comunicação da Igreja no Brasil

Quando o desfecho de uma batalha tem o sabor de conquista, a alegria brota, também, no silêncio e na recordação de caminhos percorridos por mais de 10 anos pelas equipes envolvidas, compostas de pesquisadores, agentes de pastoral, gente que ama a Igreja e que disponibiliza o seu tempo para que a luta por uma causa se torne realidade. Assim nasceu o Diretório de *Comunicação da Igreja no Brasil*. O esforço para que a Igreja caminhe com os tempos, na sua linguagem, na continuidade do Magistério da Igreja que pede insistentemente que se realize o diálogo entre fé e cultura. Todavia, nem sempre compreendido por quem não se atualiza, não foca no significado de uma nova evangelização e não dedica tempo e interesse pela comunicação, embora o documento de Aparecida (484) afirme que a comunicação é a articuladora das mudanças na sociedade.

Motivo de agradecimento a Deus, que vai inspirando e construindo o seu Reino também no mundo da comunicação. Assim, na sequência dos esforços, o Diretório tem como *objetivo* motivar a Igreja para atualizar e aprofundar os conhecimentos e referências tanto de seus pastores quanto de seus fiéis sobre a natureza e a importância da comunicação para a vida da comunidade eclesial, nos processos de evangelização e no diálogo com a sociedade, tendo presente as mudanças pelas quais o mundo vem passando, entre as quais se encontra o avanço acelerado das tecnologias (n. 3).

O Diretório da Comunicação motiva a Igreja a ampliar as relações com a comunidade humana, nos passos do Concílio Vaticano II, cujo decreto sobre a comunicação *Inter Mirifica* (1963), além de seus vários aspectos fundamentais sobre a comunicação, constituiu um "divisor de águas" nas atitudes da Igreja com respeito à comunicação.[1] Na esteira do Vaticano II, os pontífices ofereceram, anualmente, a mensagem para o Dia Mundial das Comunicações com Paulo VI, João Paulo II, Bento XVI e, agora, com as belíssimas mensagens do Papa Francisco "Comunicação a serviço de uma autêntica cultura do encontro", para o Dia Mundial das Comunicações (2014), e "Comunicar a família: ambiente privilegiado do encontro do amor" (2015).

O "essencial" do olhar católico sobre comunicação

O Diretório é composto de dez capítulos que enfocam a necessidade de compreender as pessoas e a sociedade na qual vivemos e atuamos, pois é condição essencial para uma verdadeira e autêntica evangelização, que deve se realizar pelo entendimento do "mundo de hoje, sujeito a rápidas mudanças e agitado por questões de grande relevância para a vida da fé", como afirmava Bento XVI (*Declaratio*, 2013). E é o Papa Francisco que nos indica que, do ponto de vista cristão, a comunicação é autêntica quando é encarnada na realidade humana e constrói proximidade com o outro.[2]

Temas como *Igreja e comunicação em um mundo em mudanças, Teologia da Comunicação, Comunicação e vivência da fé, Ética e Comunicação, O protagonismo dos leigos na comunicação evangelizadora, A Igreja e a mídia, Igreja e mídias digitais, Políticas de comunicação, Educar para a comunicação, Comunicação na Igreja: a atuação da Pascom* compõem o Diretório de Comunicação da Igreja no Brasil. Importante notar que, ao final de cada capítulo, o Diretório oferece *Pistas de Ação*, facilitando a assimilação do conteúdo, além de uma ótima estratégia pedagógica. O Diretório oferece, ainda, um glossário de comunicação

---

[1] Ver capítulo 2, nesta obra.
[2] PAPA FRANCISCO. Mensagem para o 48º Dia Mundial das Comunicações Sociais, 2014.

sobre as principais expressões usadas no texto e que, além de possibilitar a compreensão para os leitores, revela, também, o que a Igreja entende com o significado de cada expressão.

Assim, partindo de um contexto onde a Igreja se encontra inserida e tendo Jesus Comunicador como protótipo, pois não falava "de fora", mas "a partir do seu povo",[3] é convidada a seguir o exemplo de Jesus e a realizar o seu mandato "Ide e evangelizai a todos". Na verdade, mudam as formas, a linguagem, mas o conteúdo da mensagem é sempre prevalente e indiscutível.

Podemos perceber que o documento nos oferece o "essencial" do olhar católico sobre o fenômeno da comunicação. Em primeiro lugar, a comunicação é entendida como um processo social, a serviço das relações entre homens e mulheres para que se consolidem a comunhão e a cooperação entre as pessoas.[4] Nesse sentido, tanto os tradicionais meios de comunicação social quanto as novidades trazidas pelo emergente mundo da Internet devem colocar seu protagonismo a serviço da promoção de uma cultura de respeito, diálogo e amizade.[5]

Em segundo lugar, a comunicação é vista como uma prática que incide na vida das pessoas, por isso necessita ser objeto de reflexão pessoal.[6] Por outro lado, a educação das novas gerações para uma adequada convivência com o mundo da comunicação e de suas tecnologias é essencial para o entendimento das novas condições civilizatórias, propiciando a formação de cidadãos para atuar ativamente no contexto da cultura midiática.[7]

Em terceiro lugar, cabe à ação pastoral e aos seus promotores, ministros ordenados, religiosos e leigos fazer uso dos processos e meios da comunicação a serviço da partilha da Palavra, merecendo destaque, nesse percurso, as redes sociais.[8]

E, finalmente, em quarto lugar, o pressuposto de que a Pastoral da Comunicação precisa ser priorizada nos planos de trabalho da Igreja, em todas as suas instâncias, necessitando de planejamento, formação, recursos tecnológicos e pessoal especializado.

---

[3] *Communio et Progressio*, n. 11.
[4] BENTO XVI. Mensagem para o 43º Dia Mundial das Comunicações Sociais, 2009.
[5] Ibid.
[6] Bento XVI. Mensagem para o 46º Dia Mundial das Comunicações Sociais, 2012.
[7] Ibid., 2007.
[8] Bento XVI. Mensagens para o Dia Mundial das Comunicações Sociais: 2008, 2010, 2013.

Capítulos que trazem reflexão, motivo e pistas de ação

Como encontramos no n. 6 do Diretório, o documento chega ao momento em que a Igreja é interpelada pelas mudanças trazidas à sociedade contemporânea pela revolução digital, tema tratado com vigor por Bento XVI, em suas últimas mensagens destinadas a celebrar, anualmente, o Dia Mundial das Comunicações.

No enfoque dos temas do Diretório, nota-se uma progressividade bem planejada, pois enfoca o contexto atual (onde a Igreja se move, se situa). Assim se expressa o n. 33 do Diretório, traduzindo as palavras por Francisco:

> [o desafio hoje é] descobrir e transmitir a "mística" de viver juntos, misturar-nos, encontrar-nos, dar o braço, apoiar-nos, participar nesta maré um pouco caótica que pode transformar-se em uma verdadeira experiência de fraternidade, em uma caravana solidária, em uma peregrinação sagrada. Assim, as maiores possibilidades de comunicação traduzir-se-ão em novas oportunidades de encontro e solidariedade entre todos.[9]

É preciso considerar, também, como parte essencial, *onde* a Igreja se fundamenta a respeito do ser e do realizar a comunicação; temos então a *Teologia da Comunicação*: o ser humano chamado a participar da comunicação criativa de Deus. O segundo capítulo dedica-se expressamente à teologia da comunicação entre Deus e a humanidade. Justamente por intermédio de seu sim ao projeto de Deus, o homem e a mulher tornam-se colaboradores e continuadores da criação. Criados à imagem e semelhança de Deus, os seres humanos se comunicam não por uma exigência, mas por um dom natural; não por uma ordem, mas por uma vocação. E mais: todo comunicador é chamado a ser um mensageiro do amor de Deus, através de sua palavra, gestos e atitudes, utilizando nessa missão as mais modernas tecnologias (nn. 34-36). Ainda, a comunicação como dom e responsabilidade (n. 36); a Trindade comunidade comunicadora (n. 39); espiritualidade do comunicador (n. 59); o comunicador e sua experiência mística criativa (n. 60).

A Igreja existe para evangelizar, e sua missão primordial consiste em comunicar a Boa Notícia do Reino, proclamado e realizado em Jesus Cristo. Isso implica, no mundo contemporâneo, uma pastoral em

---

[9] PAPA FRANCISCO. *Evangelii gaudium*, n. 87.

contínuo estado de missão, com novo ardor, novos métodos e novas expressões (n. 64) (cf. Paulo VI, *Evangelii nuntiandi*, n. 14). Daí que o capítulo 3 nos oferece *Comunicação e vivência da fé*, onde o acento é colocado, a partir da ótica da comunicação, na catequese (n. 68ss), liturgia (n. 79ss), homilia (n. 89ss), transmissão de celebrações litúrgicas pelas mídias (n. 98).

Entretanto, não se pode realizar uma autêntica comunicação sem os fundamentos da *ética*. O que o capítulo 4 oferece como reflexão é de fundamental importância. Pode-se dizer que a ética da comunicação social é constituída por um complexo de valores e princípios de comportamento, fundados no reconhecimento da dignidade pessoal e do bem comum, ordenado a orientar as ações individuais e coletivas a serviço da justiça e da paz (n. 105ss).

Por valorizar o *leigo* como protagonista e parte essencial da Igreja como batizado, é convidado a atuar de modo particular no mundo da comunicação. Para responder aos desafios dos novos tempos e comunicar a mensagem do Evangelho, a Igreja precisa compreender o contexto cultural no qual os leigos estão inseridos (n. 125). "(...) é necessário que o leigo seja levado em consideração com espírito de comunhão e participação." Os leigos comunicadores, com experiência e perfis profissionais adequados, integram a missão da Igreja na promoção de um diálogo permanente nos diversos setores e organismos da sociedade (n. 125).

Na progressividade da reflexão, oferecida pelo Diretório, considera-se *A Igreja e a mídia* (capítulo 6) e *Igreja e mídias digitais* (capítulo 7), pois são as modalidades e linguagens atuais que a Igreja deve aprender a usar para *estar* nas redes e *atuar*; é o mundo da cultura digital. Para isso, porém, é necessário educar-se mediante não somente o uso dos instrumentos, mas da comunicação vista como um processo que vai modificando as relações dos seres humanos, e isto exige estudo, conhecimento, interesse, porque é o Reino de Deus que se deve anunciar. E este merece competência, espiritualidade, santidade.

Assim se expressa o n. 117:

> As formas, os códigos e as linguagens da comunicação são diversos, mutáveis e complementares, influenciando a existência, a mentalidade e as relações entre as pessoas. Atualmente, experimenta-se mais uma etapa dessa histórica evolução das formas do comunicar. Os meios de comunicação contemporâneos são portadores de uma nova cultura na medida em que seu modo de funcionamento – reduzindo tempos e encurtando espaços – leva a transformar a relação tradicional com os outros e com o mundo. Essa mudança "implica, mais que uma simples revolução

técnica, a transformação completa de tudo o que é necessário à humanidade para compreender o mundo que a envolve, e para verificar e expressar a percepção dele.

As mídias digitais abriram caminhos para o encontro e o diálogo entre as pessoas de diferentes países, culturas e religiões. Quando usadas sabiamente, podem contribuir para satisfazer o desejo de sentido, verdade e unidade que é a aspiração mais profunda do ser humano. Assim, a presença da Igreja no ambiente digital é incentivada por ser um lugar de testemunho e anúncio do Evangelho, pois "a rede digital pode ser um lugar rico de humanidade: não uma rede de fios, mas de pessoas humanas".[10] Isso exige que os cristãos presentes na rede possam ir além dos instrumentos e tomem consciência das mudanças fundamentais que as pessoas e a sociedade experimentam nesse contexto.

O Diretório oferece, ainda, no capítulo 8, uma reflexão sobre *Políticas de comunicação*, esclarecendo que se entende com esta expressão políticas públicas, liberdade de expressão. Entre os itens abordados, há, também, o incentivo para que a Igreja contribua para o debate sobre as políticas da comunicação.

Em toda a reflexão o Diretório expõe, estimula, incentiva, de modo especial no capítulo 9, *Educar para a comunicação*. O texto é muito explícito quando afirma no n. 213:

> Faz-se necessário que a Igreja promova, sistematicamente, para os bispos, presbíteros, diáconos, religiosos, lideranças e comunidades, uma formação que: a) propicie o entendimento dos fundamentos que orientam as relações de comunicação na sociedade e no interior da comunidade eclesial, atualizando as informações sobre o papel da mídia no mundo contemporâneo e b) facilite a implementação de políticas de ação no campo da comunicação, nos diferentes níveis da prática evangelizadora. É o que se denomina, de forma abrangente, como educação para a comunicação.

É necessário, entretanto, que sejam bem claros os focos *de interesse da educação para a comunicação*.

O Pontifício Conselho para as Comunicações Sociais propõe, na instrução pastoral *Communio et progressio*, que a Igreja defina uma política de educação para a comunicação em toda a sua complexidade. Atendendo ao mandato da Igreja, faz-se necessário *pensar as propostas de formação* em comunicação de uma maneira orgânica. O Diretório

---

[10] PAPA FRANCISCO. Mensagem para o 48º Dia Mundial das Comunicações Sociais, 2014.

identifica *oito focos* de interesse para a ação formativa a ser empreendida em diferentes âmbitos: 1) o familiar; 2) o escolar; 3) o comunitário; 4) o político; 5) o profissional; 6) o pastoral; 7) o da recepção midiática e 8) o da alfabetização digital (n. 221).

Por último, a Igreja, então, focaliza a sua atuação no mundo da comunicação, mediante a *atuação da Pascom* (capítulo 10), com todas as suas exigências e desafios, mas, também, com todas as oportunidades de fazer o bem. No que concerne à identidade da Pastoral da Comunicação, a Pascom estrutura-se a partir dos documentos da Igreja, dos estudos e pesquisas na área da comunicação e das práticas comunicativas vividas e experienciadas pelas comunidades e grupos, convertendo-se em um eixo transversal de todas as pastorais da Igreja. Para que a comunicação encontre espaços para anunciar a todos a Boa-Nova de Jesus Cristo, é necessário que a Pascom ocupe um *lugar específico* de atuação na vida eclesial, que lhe permita irradiar as ações próprias do campo da comunicação com sentido pastoral (n. 244).

Como abrangência e características da Pascom, encontramos a síntese no n. 248: colocar-se a serviço de todas as pastorais para dinamizar suas ações comunicativas; promover o diálogo e a comunhão das diversas pastorais; capacitar os agentes de todas as pastorais na área da comunicação, especialmente a catequese e a liturgia; favorecer o diálogo entre a Igreja e os meios de comunicação para dar maior visibilidade à sua ação evangelizadora; envolver os profissionais e pesquisadores da comunicação nas reflexões da Igreja para colaborar no aprofundamento e atualização dos processos comunicativos; desenvolver as áreas da comunicação, como a imprensa, a publicidade e as relações públicas, nos locais onde não existem profissionais especificamente designados.

O Diretório finaliza apresentando a *organização* da Pascom em âmbito nacional, âmbito regional, diocesano e paroquial/comunitário. Incentiva a elaboração de um planejamento que leve em conta meta e objetivos a serem alcançados em curto, médio e longo prazo, com os mecanismos de avaliação necessários para assegurar o andamento das atividades (nn. 269-270).

A quem se destina o Diretório?

O documento destina-se, em primeiro lugar, aos responsáveis pela formulação e pela condução das práticas de comunicação nos diferentes âmbitos da vida eclesial e nas relações da Igreja com a sociedade. O texto reúne e disponibiliza referenciais comunicacionais, sociológicos, éticos, políticos, teológicos e pastorais, destinados à reflexão das lideranças da comunidade eclesial e civil, na promoção de uma gestão da comunicação compatível com as necessidades das comunidades e de sua missão evangelizadora. Os conteúdos dos diferentes capítulos servem como base para a formação de sacerdotes, religiosos e leigos, oferecendo elementos para a produção de subsídios multimidiáticos que, através de uma linguagem simples e apropriada, fortaleçam a Pastoral da Comunicação em todos os seus níveis e projetos (n. 5).

> **SUGESTÃO PARA REFLETIR E AGIR**
>
> 1. Conhecer o pensamento da Igreja no Brasil sobre a comunicação: ler, estudar, refletir, discutir cada capítulo do Diretório.
> 2. Identificar contextos e construir estratégias para pôr em prática pontos importantes do Diretório, nos mais diversos âmbitos, a fim de atingir o objetivo de desenvolver uma nova evangelização no contexto comunicativo existente na sociedade, hoje.

Bibliografia

ANDRADE, Paulo F. C. de. A condição pós-moderna como desafio à pastoral popular. *REB*, Petrópolis: Vozes, 1993.
BARAGLI, E. *L'Inter Mirifica*. Roma: Studium Romano della Comunicazione Sociale, 1969.
_____. *Comunicazione, comunione e chiesa*. Roma: Studium Romano della Comunicazione, 1973.
BARBOZA, Adérito G. *A nova evangelização*. Lisboa: Paulinas, 1994.
_____. *Novidades da Nova Evangelização*. Disponível em: http://www.agencia.ecclesia.pt.
BENTO XVI. *Mensagem para o Dia Mundial das Comunicações*: 2009, 2010, 2011.
BETTETINI, Gianfranco; COLOMBO, Fausto. *Le nuove tecnologie della Comunicazione*. Milão: Bompiani, 1996.
BRAGA, J. L. *Midiatização*: a complexidade de um novo processo social. Disponível em: http://ihuonline.unisinos.br.
BOFF, L. *Igreja, carisma e poder*. 2. ed. Petrópolis: Vozes, 1981.
BORELLI, Silvia H.; FREIRE FILHO, João (org.). *Culturas juvenis no século XXI*. São Paulo: EDUC, 2008.
BRITTO, Rovilson R. *Cibercultura*: sob os olhares dos Estudos Culturais. São Paulo: Paulinas/SEPAC, 2009.
CARDOSO, É. J. *Teoria da ação comunicativa de Habermas e suas implicações no processo educativo*. Disponível em: http://www.diaadiaeducacao.pr.gov.br.
CELLI, C. M. Conferência de abertura. In: *II CONGRESSO RIIAL*, Chile, out. 2011.
CNBB. *Comunicação na vida e missão da Igreja, no Brasil*, n. 101. Brasília/São Paulo: CNBB/Paulus, 2011.
_____. *Diretório de Comunicação da Igreja no Brasil*. Brasília/São Paulo: CNBB/Paulinas, 2014.
DALLE, F. R. *Igreja e Comunicação Social*. São Paulo: Paulinas, 1973.
DARIVA, N. (org.). *Comunicação social na Igreja*: Documentos fundamentais – Inter Mirifica 40 anos (1963-2003). São Paulo: Paulinas, 2003.
DELLA CAVA, Ralph; MONTEIRO, Paula. ... *E o verbo se faz imagem* – Igreja Católica e os meios de comunicação no Brasil: 1962-1989. Petrópolis: Vozes, 1991.
DOMENACH, J. M. *Approches de la modernite*. Paris: Ecole Polytechnique, 1986.

FAUSTO NETO, A.; GOMES, P. G.; BRAGA, J. L.; FERREIRA, J. (org.). *Midiatização e processos sociais na América Latina*. São Paulo: Paulus, 2008.

_____. *A midiatização produz mais incompletudes do que as completudes pretendidas, e é bom que seja assim*. Disponível em: http://www.ihuonline.unisinos.br.

_____. *A midiatização e os governos latino-americanos* (2009a). Disponível em: http://ihu.unisinos.br

FRANCISCO. Mensagem – 48º Dia Mundial das comunicações, 2014.

_____. *Evangelii gaudium*, n. 87.

GOMES, P. G. A tecnologia digital está colocando a humanidade num patamar distinto. Disponível em: http://www.ihuonline.unisinos.br.

GOSCIOLA, Vicente. *Roteiro para as novas mídias*: do game à TV interativa. São Paulo: SENAC, 2003.

HALL, Stuart. *A identidade cultural na pós-modernidade*. Rio de Janeiro: DP&A Editora, 2003.

HARVEY, David. *A condição pós-moderna*. São Paulo: Loyola, 1992.

JENKINS, Henry. *Cultura da convergência*. São Paulo: Editora Aleph, 2008.

LASH, Scott. *Crítica de la información*. Buenos Aires: Amorrortu, 2005.

LEMOS, André. *Cibercultura*: tecnologia e vida social na cultura contemporânea. Porto Alegre: Sulina, 2002.

_____. Comunicação e mobilidade: telefones celulares e função pós-massiva. *Matrizes*, São Paulo: USP, ano 1, n. 1, 2007.

LEVY, Pierre. *Cibercultura*. São Paulo: Editora 34, 2000.

LIBÂNIO, João B. *Teologia da revelação a partir da modernidade*. São Paulo: Loyola, 1992.

LORSCHEIDER, A. Apresentação. In: LOPES, G. P. S.; BOMBONATTO, V. I. (org.). *Concílio Vaticano II*: análise e prospectivas. São Paulo: Paulinas, 2004.

MAINARDI, R. *Geografia delle comunicazioni*: spazi e reti dell'informazione. Roma: La nuova Italia Scientifica, 1983.

MATTA, M. C. Os silenciados e a comunicação na América Latina. In: MUTICOM, Porto Alegre, 2010.

MELO, J. M. *Sociologia da imprensa brasileira*. Petrópolis: Vozes, 1973.

MENDES, Gildásio. *Comunicação institucional, os novos desafios da Igreja no contexto da cultura midiática*. Conferência, Rio de Janeiro, 2011.

MORAES, Denis de (org.). *Sociedade midiatizada*. Rio de Janeiro: Mauad X, 2006. p. 19.

OROSCO, G. Introdução. In: BORELLI, S. H.; FREIRE FILHO, J. (org.) *Culturas juvenis no século XXI*. São Paulo: EDUC, 2008.

PUNTEL, Joana T. *Cultura midiática e Igreja*: uma nova ambiência. São Paulo: Paulinas, 2005.

_____. *Comunicação*: diálogo dos saberes na cultura midiática. 2. ed. São Paulo: Paulinas, 2011.

_____. *Inter Mirifica*: texto e comentário. São Paulo: Paulinas, 2012.

RAVASI, G. As novas relações da Igreja com a arte e a ciência. Entrevista com Gianfranco Ravasi. Disponível em: http://www.ihu.unisinos.br/noticias/noticias-arquivadas. Acesso em: maio 2012.

SÁ MARTINO, Luís M. *Teoria das mídias digitais*. Petrópolis: Vozes, 2014.

SOARES, I. O. *Do Santo Ofício à libertação*. São Paulo: Paulinas, 1988.

SODRÉ, Muniz. *Antropológica do espelho*: uma teoria da comunicação linear e em rede. Petrópolis: Vozes, 2002.

_____. A interação humana atravessada pela midiatização. Disponível em: http://www.ihuonline.unisinos.br. ·

SPADARO, Antonio. *Seminário Nacional de Jovens Comunicadores*, Brasil.

_____. La red non es un medio para evangelizar. In: 1º SEMINÁRIO DE COMUNICAÇÃO PARA BISPOS DO BRASIL, jul. 2011.

SOUZA, N. de. Contexto e desenvolvimento histórico do Concílio Vaticano II. In: LOPES, G. P. S.; BOMBONATTO, V. I. (org.). *Concílio Vaticano II*: análise e prospectivas. São Paulo: Paulinas, 2004.

SPITZ, L. W. *The World Book Encyclopedia*. Chicago/Londres/Paris, Fiel Enterprises Educational Corporation, 1974, v. 16, pp. 186-189.

THOMPSON, J. B. A nova visibilidade. *Matrizes*, São Paulo: USP, abr. 2008, n. 2.

_____. *A mídia e a modernidade*. 4. ed. Petrópolis: Vozes, 2002.

VALENTINI, D. *Revisitar o Concílio Vaticano II*. São Paulo: Paulinas, 2011.

VANZAN, Piersandro. Ambivalenze della svolta epocale in atto. In: *Stagione di esodo*. Roma: Editrice Rogate, 1995.

_____. Conferência proferida em Roma para a Congregação das Filhas de São Paulo, 1995.

Documentos do Papa e da Santa Sé

VIGILANTI CURA (1936); *Miranda Prorsus* (1957); *Communio et progressio* (1971); *Evangelii Nuntiandi* (1975); *Redemptoris Missio* (1990); *Aetatis Novae* (1992); *Ética nas Comunicações Sociais* (2000); *Novo Millennio Ineunte* (2000); *Igreja e Internet* (2002); *Ética na Internet* (2002); *O rápido desenvolvimento das tecnologias* (2005); *Lineamenta. A Nova evangelização para a transmissão da fé* (2012).

Documentos latino-americanos

CONCLUSÕES da Conferência de Medellín (1968); Conclusões da Conferência de Puebla (1979); Conclusões da Conferência de Santo Domingo (1992); Conclusões da Conferência de Aparecida (2007).

Impresso na gráfica da
Pia Sociedade Filhas de São Paulo
Via Raposo Tavares, km 19,145
05577-300 - São Paulo, SP - Brasil - 2015